Henri Pouget de Saint-André

LES AUTEURS CACHÉS de la RÉVOLUTION FRANÇAISE

HENRI POUGET DE SAINT-ANDRÉ
(1858-1932)

LES AUTEURS CACHÉS DE LA RÉVOLUTION FRANÇAISE
(D'APRÈS DES DOCUMENTS INÉDITS)

1923, Librairie académique Perrin & Cie

Publié par Omnia Veritas Limited

www.omnia-veritas.com

© Omnia Veritas Ltd – 2024

Tous droits réservés. Aucune partie de cette publication ne peut être reproduite par quelque moyen que ce soit sans la permission préalable de l'éditeur. Le code de la propriété intellectuelle interdit les copies ou reproductions destinées à une utilisation collective. Toute représentation ou reproduction intégrale ou partielle faite par quelque procédé que ce soit, sans le consentement de l'éditeur, de l'auteur ou de leur ayants cause, est illicite et constitue une contrefaçon sanctionnée par les articles L-335-2 et suivants du Code de la propriété intellectuelle.

AVANT-PROPOS	**11**
CHAPITRE PREMIER	**13**
L'ÉNIGME RÉVOLUTIONNAIRE	13
CHAPITRE II	**18**
LES FRANCS-MAÇONS	18
CHAPITRE III	**34**
LES ISRAÉLITES	34
CHAPITRE IV	**50**
LES PROTESTANTS	50
CHAPITRE V	**61**
LES SUISSES	61
CHAPITRE VI	**76**
L'INVASION ÉTRANGÈRE EN 1789	76
CHAPITRE VII	**106**
L'AUTRICHE	106
CHAPITRE VIII	**112**
LA PRUSSE	112
CHAPITRE IX	**133**
LES AGENTS ANGLAIS	133
CHAPITRE X	**158**
D'OÙ VIENT L'ARGENT	158
CHAPITRE XI	**173**
L'ANGLETERRE ET LA RÉVOLUTION	173
PIÈCES JUSTIFICATIVES	**207**
Documents diplomatiques relatifs à l'action de l'Angleterre en France au début de la Révolution	207
La condamnation de Louis XVI par la franc-maçonnerie	215

CONGRÈS DES PHILALÈTHES 220
DÉJÀ PUBLIÉS **225**

AVANT-PROPOS

Je n'attaquerai dans ce volume aucune forme de gouvernement, je ne blâmerai aucune opinion politique. Je m'efforcerai d'étudier avec impartialité les dessous de la Révolution Française, et, suivant l'expression du regretté Albert Vandal, « d'exposer en historien des faits qui appartiennent à l'histoire. »

CHAPITRE PREMIER

L'ÉNIGME RÉVOLUTIONNAIRE

Il semble, disait un jour Robespierre à Amar, que nous soyons emportés par une main invisible au-delà de nos volontés : « Tous les jours le comité de Salut Public fait ce qu'il a décidé la veille de ne pas faire. Il existe une faction conduite pour le perdre, sans qu'il puisse en découvrir les directeurs[1] ».

Plus on étudie en effet l'histoire de la Révolution Française, plus on se heurte à des énigmes. D'abord les écrivains se contredisent sur la plupart des points, de sorte que si l'on admettait tous leurs démentis et toutes leurs rectifications, on arriverait à conclure qu'il ne s'est à peu près rien passé de 1789 à 1793 ! Quant aux rares évènements sur lesquels ils sont d'accord, ils n'en donnent jamais la même explication.

Pourquoi les cahiers des États généraux semblent-ils avoir été dictés par un comité occulte qui a substitué ses idées à celles des diverses provinces françaises ?[2] Qui donc, demande M. L. Madelin,[3] après avoir fait rédiger les cahiers, paya la

---

[1] Mémoires de MALLET DU PAN, t. II, p. 69.

[2] *Revues des Questions historiques.* Juillet 1910. Article de M. G. GAUTHEROT.

[3] *La Révolution Française* : MADELIN, p. 36.

propagande ?

Qui donc a annoncé le même jour dans toute la France l'arrivée de brigands imaginaires, prétexte pour armer le peuple et créer une garde nationale ?[4]

Pourquoi après avoir supporté quelques souverains assez discutables, les Français ont-ils guillotiné le plus débonnaire, celui qui était animé des meilleures intentions ?

C'est une assemblée royaliste, de l'aveu même de M. Aulard,[5] qui a proclamé la république ; personne ne se disait républicain en France, excepté un Anglais, un Prussien et un Belge, Thomas Paine, Anacharsis Cloots et François Robert.

Le but de la Révolution était-il la réforme des abus et la conquête de la liberté ? Elle aurait dû s'arrêter à la fin de 1789. Avait-elle pour but un changement de régime ? Elle aurait dû s'arrêter au 10 août. Pourquoi a-t-on, suivant l'expression de Granier de Cassagnac[6], acheté au prix de quatre milliards et de cinquante mille têtes, des réformes que Louis XVI offrait pour rien ?

Pourquoi la Convention a-t-elle versé tant de sang ? On a dit que les proscriptions avaient été causées par la haine du peuple contre les classes privilégiées. Comment alors expliquer la proportion si faible d'aristocrates guillotinés, environ 5% du total des condamnés ?

On peut considérer les présidents de la Convention comme les plus à l'abri des proscriptions, puisqu'ils représentaient la majorité des proscripteurs. Ils étaient, comme on dit

---

[4] *Mémoires de Mme de la Tour du Pin*, p. 191. *Mémoires de Pasquier*, etc.

[5] AULARD : *Histoire politique de la Révolution Française*, p. 87 et p. 175.

[6] Cassagnac : *Causes de la Révolution Française*.

vulgairement, du côté du manche. Quelle explication donner à leur sort : dix-huit ont été guillotinés, huit déportés, six incarcérés, vingt-deux mis hors la loi, trois se sont suicidés et quatre sont devenus fous ![7]

« Tout le peuple de France est contre nous, disait Robespierre à la tribune du club des Jacobins. Notre unique espoir repose sur les citoyens de Paris. — Ne vous y fiez pas trop, répondit Desfieux ; à Paris même nous aurions le dessous, si le scrutin était secret[8]. »

D'où vient l'ascendant exercé par Robespierre sur des hommes qui lui étaient supérieur par le talent et l'intelligence ? Michelet qui ne figure pas au nombre des historiens réactionnaire, observe que c'était un petit avocat de piètre figure, d'intelligence médiocre, de talent incolore.

« On s'explique, dit M. G. Lebon[9], un tyran entouré d'une armée, mais non la tyrannie d'un homme sans soldats. »

Le parti qui poussait la Révolution aux violences, « était dirigé par une main cachée que le temps jusqu'ici n'a pu faire connaître »[10].

Bailly, reprenant aussi l'idée de Robespierre, écrit dans ses Mémoires[11] que dès la prise de la Bastille, il y avait « un moteur invisible qui semait à propos les fausses nouvelles pour perpétuer le trouble. Ce moteur a dû avoir un grand nombre d'agents, et

---

[7] TAINE : *La Révolution Française,* t. III, p. 222.

[8] Buchez et Roux : *Histoire Parlementaire,* t. XX, p. 300. Sybel : *Histoire de l'Europe,* t. 1, p. 564.

[9] *La Révolution Française,* G. LEBON, p. 231.

[10] Alexis Dumesnil : *Préface aux Mémoires de Sénar.*

[11] *Mémoires* de Bailly, tome II, p. 33.

pour avoir suivi ce plan abominable, il faut un esprit profond et beaucoup d'argent. Quelque jour on connaîtra le génie infernal et le bailleur de fonds. »

Enfin Lafayette écrivait aussi le 24 Juillet 1789 : « Une main invisible dirige la populace. »

« Plus on s'est rapproché des instruments et des acteurs de cette catastrophe, et plus on y a trouvé d'obscurité et de mystère ; cela ne fera que s'accroître avec le temps[12]. »

Les esprits simples se sont contenté de l'explication d'Etienne Dumont : « La cause de la Révolution c'est la faiblesse de Louis XVI. » Il est trop facile également d'attribuer comme J. de Maistre les évènements à l'influence du diable ; pour les hommes qui étudient sérieusement l'histoire, il y a autre chose. Un Juif doué d'une haute intelligence, et qui a occupé une grande place dans la politique anglaise, Disraëli, a fait cet aveu : « Le monde est gouverné par tout à fait d'autres personnages que ne se l'imaginent ceux qui ne se trouvent pas derrière les coulisses[13] ». Mais il s'est bien gardé de nommer les chefs occultes de la politique. Les savants travaux de M. G. Bord ont donné des évènements une explication fort curieuse et bien documentée : La Révolution serait due à un complot maçonnique[14].

Il y a assurément beaucoup de vrai dans cette assertion ; mais alors nous retombons en face d'une autre énigme : Si la Révolution a été faite par la franc-maçonnerie, pourquoi a-t-on fermé les loges en 1793 et surtout pourquoi a-t-on guillotiné autant de francs-maçons ?

---

[12] *Mémorial de Ste-Hélène.* t. II, p. 82.

[13] DE LANNOY : *La Révolution préparée par la franc-maçonnerie*, p. 14.

[14] Gustave Bord : *Le complot maçonnique de 1789.*

Étudions néanmoins l'hypothèse de la Révolution maçonnique.

CHAPITRE II

LES FRANCS-MAÇONS

P ar un excès de modestie sans doute, les francs-maçons se sont toujours défendus d'avoir été les auteurs de la Révolution française. Leurs adversaire politiques ont souvent été traités de fantaisistes attribuant des menées ténébreuses à une société de bienfaisance ; mais lorsqu'ils sont à l'abri des oreilles profanes, le langage des francs-maçons n'est plus le même. Le Fr∴ Sicard de Plauzoles vient d'affirmer au convent de 1913 : « La franc-maçonnerie peut avec un légitime orgueil considérer la Révolution comme son œuvre [15]. » Au convent de 1910, le Fr∴ Jouvin parlait également de l'action maçonnique de 1789,. d'ailleurs affirmée par le Fr∴ Louis Blanc dans son histoire de la Révolution Française.

Mais c'est surtout le congrès maçonnique international de 1889 qui a fourni sur ce sujet d'intéressants détails. À l'occasion du centenaire de notre Révolution, les Fr∴ Amiable et Colfavru ont donné lecture au Grand Orient, le 16 Juillet, de deux rapports très documentés dont voici le résumé sommaire :

« Au début de 1789, les franc-maçon prirent une part active au grand et salutaire mouvement qui se produisit dans le pays. Leur influence fut prépondérante dans les assemblées du tiers état, pour la rédaction des cahiers et pour le choix des élus… Ils

---

[15] TOURMENTIN *La Franc-maçonnerie démasquée*. 10 Mars 1911.

eurent un rôle moins considérable dans les assemblées des deux ordre privilégiés. Pourtant l'influence de la franc-maçonnerie se reconnaît encore à d'assez nombreuses propositions réformatrices dans les cahiers de la noblesse et du clergé...

Les francs-maçons pénétrèrent en grand nombre dans la représentation nationale, et, pour marquer la place qu'ils y prirent dès l'abord, il suffit de nommer trois d'entre eux, Lafayette, Mirabeau, Sieyès[16].

... Le plan de l'Encyclopédie avait été tracé onze ans d'avance par la franc-maçonnerie...

Des programmes, des vœux émis dans les cahiers après avoir été préparés dans les loges, l'Assemblée nationale avait passé aux actes. En 1789, la grande famille maçonnique Française est dans son plein épanouissement. Elle a reçu Voltaire dans cette loge fameuse des Neuf Sœurs, présidée par Lalande. Elle connaît Condorcet, Danton, Robespierre, Camille Desmoulins... Les plus illustres vont fonder l'édifice social et politique nouveau sur ces principes lumineux, Liberté, Égalité, Fraternité. Mais quand ils auront accompli leur tâche sublime, tous seront morts...

En 1792, le francs-maçons durent se consacrer à l'accomplissement des devoirs civiques qui se multipliaient sans cesse : le service de la garde nationale, le service militaire, l'œuvre incessante des sociétés populaires pour soutenir l'assemblée nationale, pour déjouer les manœuvres des fonctionnaires de l'ancien régime non encore remplacés, les élections réitérées, les mandats assumés et les fonctions exercées à tous les degrés à la commune, au district, au département, dans l'État. Voilà pourquoi les temples maçonniques peu à peu

---

[16] Compte rendu des séances du congrès maçonnique international de 1889. Rapport du Fr.˙. Amiable, p. 68 et suivantes.˙

désertés restèrent vides.

Après une assemblée générale en Décembre 1792, le Grand Orient cessa de fonctionner au milieu de 1793. Un très petit nombre de loges isolées purent ne pas discontinuer tout à fait leurs travaux. Ce fut une éclipse de près de trois ans[17]. »

Il est regrettable de ne pas trouver dans ces documents une explication à la question que nous posions au début de ce volume : comment une association si puissante n'a-t-elle pas pu endiguer le torrent révolutionnaire et s'opposer à la proscription des maçons les plus illustres ?

L'action maçonnique de 1789, ignorée de tant d'historiens, n'est pas une découverte récente, puisque dès l'année 1792, Le Franc écrivait : « Tout ce que nous avons vu exécuter par les clubs, avait été préparé de longue main clans les loges maçonniques[18]. » Les révélations de Le Franc furent causes d'ailleurs de sa condamnation à mort.

La franc-maçonnerie est, comme les clubs, une importation anglaise[19] ; la première loge fut établie vers 1725 à Paris par quelques Anglais dont le plu notable était Lord Derwent Waters, décapité plus tard en Angleterre pour avoir pris les armes en faveur du prétendant Charles Edouard. En 1736, Lord Harnouester fut élu Grand Maître par les quatre loges de Paris et il eut pour successeur le Duc d'Antin. Déjà, sous Louis XV, les doctrines internationalistes de la maçonnerie commençaient à se faire connaître : on est surpris de lire la phrase suivante dans un discours du Grand Maître en 1760 : « Le monde entier n'est qu'une grande république dont chaque nation est une famille.

---

[17] Rapport du F∴ Colfavru au congrès de 1889.

[18] N. Le Franc : *Conjuration contre la religion catholique et les souverains*.

[19] D'après le *Précis sur la Franc-maçonnerie* de César Moreau, l'existence en Angleterre de cette société secrète remonterait à la fin du IIIe siècle.

C'est pour répandre ces essentielle maximes que notre société fut d'abord établie. »

À cent cinquante ans de distance c'est exactement la conclusion du rapport du Fr.·. Amiable au congrès de 1889 : « Une république universelle et démocratique, voilà l'idéal de la Franc-maçonnerie. »

À toutes les époques un programme de paix et de fraternité universelles doit séduire beaucoup d'hommes animés d'excellentes intentions. Mais les évènements de 1914 viennent de prouver combien il est dangereux de s'abandonner à des rêves pacifistes,. suggérés par un voisin qui s'arme en silence.

Après la fermeture de la grande Loge de France en 1767, un certain nombre d'ateliers continuèrent à se réunir ; quelques loges relevaient de la grande Loge d'Angleterre ou d'autres puissances étrangères[20]. Sur le tableau des loges maçonniques de la correspondance du Grand Orient de France en 1789, figurent quatre Directoires Écossais et six grandes loges provinciales dont une à Friedrichstein en Westphalie. En tout 629 loges dont 63 à Paris, 442 en province, 38 dans les colonies, 69 attachées à des corps militaires et 17 en pays étranger.

Ainsi, l'Angleterre n'avait pas cessé d'exercer son influence sur la franc-maçonnerie française ; nous aurons à revenir sur ce détail important.

Sous Louis XVI, la franc-maçonnerie avait fait en France de rapides progrès et préparé insensiblement un changement de régime. Le Fr.·. Amiable a donc pu conclure avec raison dans son rapport au congrès de 1889 : « Les francs-maçons du XVIIIe

---

[20] Compte rendu des séances du congrès maçonnique international de 1889. p. 66.

siècle ont fait la Révolution Française. »

Les ordres privilégiés avaient fusionné avec le tiers état dans les loges avant de le faire à Versailles. On voyait des officiers d'un rang modeste avoir pour subordonnés dans les loges ceux qui les commandaient au régiment. Le sergent aux Gardes Française prenait séance avec les officiers généraux[21]. On devine ce qui en résulta au point de vue de la discipline.

Ainsi dans la loge « Union de Toul Artillerie », le sergent Compagnon, vénérable, se trouve le supérieur du maréchal de camp d'Havrincourt[22]. Les plus grands seigneurs, les Princes du sang s'étaient peu à peu affiliés à la secte.

« L'existence des hauts grades leur était soigneusement dérobée, ils savaient de la franc-maçonnerie ce qu'on pouvait leur montrer sans péril. » La secte comprenant un grand nombre d'hommes « opposés à tout projet de subversion sociale, les novateurs multiplient les degrés de l'échelle à gravir, créent des arrière-loges réservée aux âmes ardente[23]. » Ce sont ces arrière-loges qui préparent et dirigent la Révolution, pendant que la majorité des affiliés croient faire partie d'une association philanthropique. Tandis que les loges de Paris donnent des fêtes et des festins, les francs-maçons étrangers conspirent activement. Les Illuminés de Weishaupt méditent de renverser toutes les monarchies. D'après M. Gustave Bord, ils ne prêchent pas l'assassinat des souverains comme on les en a souvent accusés ; ils inspireraient dans ce cas un sentiment d'horreur à la plupart des initiés. La secte est beaucoup plus redoutable en affectant des idées généreuses. Peu à peu elle crée un mouvement d'opinion révolutionnaire et détruit le respect des peuples pour les rois.

---

[21] Compte rendu des séances du congrès maçonnique international, p. 60.

[22] MADELIN : *La Révolution,* p. 24.

[23] Louis BLANC : *Histoire de la Révolution Française,* t. II, ch. 2.

Les Illuminés ne confient jamais leurs lettres à la poste ; des membres de la société vont d'un foyer à un autre porter et recevoir les avis intéressant l'association[24].

Il est cependant admis que la mort de Gustave III est un crime des Illuminés. S'ils ont été soupçonnés d'autres assassinats, il faut reconnaître que les apparences étaient contre eux. Deux souverains en Europe se déclaraient hostiles à la Révolution, le roi de Suède et l'empereur d'Autriche : Le premier, contrairement à l'avis de son ambassadeur, Staël Holstein, voulait intervenir en France lorsqu'il fut assassiné. L'empereur mourut, dit-on, des suites de ses débauches ; on ne peut néanmoins s'empêcher de remarquer qu'il était assez bien portant le 19 Février 1790 ; au bal de la cour, lorsqu'une femme masquée lui offrit un bonbon. Vingt-quatre heures après il était mort.

Mirabeau prenant parti pour le roi pouvait arrêter la Révolution. Dès que les sociétés secrètes eurent des soupçons à son égard, il se passa un incident étrange : Pellenc et Frochot, ayant pris du café destiné à Mirabeau, furent gravement indisposés. Le célèbre tribun, lorsqu'il tomba malade, se crut empoisonné ; le mot d'ordre fut donné de dire qu'il mourait des suites de ses excès, comme l'empereur d'Autriche ; néanmoins sept médecins conclurent à l'empoisonnement, les docteurs Larue, Chêvetel, Forestier, Paroisse, Roudel, Couad et Soupé[25]. Fourcroy, futur membre de l'Académie des sciences, a déclaré à Cahier de Gerville que Mirabeau avait succombé à un poison minéral, et que le silence fut gardé afin d'éviter des troubles[26].

Il faut avouer que le hasard servait admirablement les projets

---

[24] *Revue des Sociétés Secrètes,* 20 Mai 1913.

[25] *Mémoires de Mirabeau,* t. VIII, p. 464.

[26] *La Révolution, La Terreur, Le Directoire,* par DESPATYS (d'après les mémoires de A. GAILLARD président du directoire exécutif de Seine-et-Marne).

révolutionnaires ; c'est ce qui explique des accusations impossibles d'ailleurs à prouver.

M. Gustave Bord nie les crimes imputés aux francs-maçons ; il reconnaît toutefois que les Illuminés de Bavière travaillaient «*par tous les moyens*» à la chute de gouvernement monarchiques.

Voici les aveux de Cagliostro au sujet de son initiation à la secte : « Le premier coups de la conspiration contre les trônes devaient atteindre la France ; après la chute de la monarchie, il y aurait à attaquer Rome. » Cagliostro apprit que la société secrète dont il faisait désormais partie avait de fortes racines et possédait un trésor de guerre. « Il toucha une grosse somme, destinée aux frais de propagande, reçut les instructions de la secte et partit pour Strasbourg[27]. » Puis deux délégués, Busche el Bode, furent envoyés à Paris pour s'entendre avec les loges françaises. D'après les mémoires de Georgel, les chefs de la secte résolurent de commencer par la France parce que l'Allemagne n'était pas encore mûre pour la Révolution. Pourquoi aussi ne pas supposer que notre monarchie catholique était antipathique à l'Israélite Weishaupt ? C'est lui qui envoya son coreligionnaire Cagliostro préparer la maçonnerie française à accepter la direction des chefs des Illuminés allemands. C'est lui qui s'efforça de créer une fédération internationale des loges[28]. En même temps, Thomas Ximenès parcourait l'Europe avec une mission de la secte ; Cagliostro le rencontra dans un grand nombre de villes, toujours sous des noms et des déguisements différent, répandant de l'argent partout.

Lors de son voyage à Berlin, Mirabeau entra en rapports avec

---

[27] Louis BLANC : *La Révolution Française,* t. II, ch. 2.

[28] Rapport lu à la tenue plénière des loges Paix et Union et la Libre Conscience à l'Orient de Nantes le 23 Avril 1883. Dasté : *Marie Antoinette et la Révolution,* p. 194. Omnia Veritas Ltd, www.omnia-veritas.com.

les Illuminés et il n'est pas sans intérêt de comparer son opinion d'alors avec sa conduite ultérieure. « Leur parti, écrit-il, gagne du terrain de la manière la plus effrayante. Je vais vous révéler à cet égard une anecdote qu'il est infiniment important pour ma sûreté de tenir secrète : » — L'anecdote est remplacée par des point dans les diverses éditions des œuvres de Mirabeau ; le manuscrit se trouve aux archives du ministère des affaires étrangères[29].

« Deux hommes d'une naissance distinguée, tous deux au service, tous deux zélés francs-maçons encore aujourd'hui, avaient cru entrevoir dans les sociétés maçonniques quelques ressources, l'un pour son ambition, l'autre pour l'humanité... Ils furent destiné aux plus hauts grades... Ils furent initiés le même jour, l'un à Berlin, l'autre à Breslau....

On exige du récipiendaire un jeûne de 24 heures... puis il est forcé de boire une liqueur spiritueuse, et placé dans une salle tendue de noir, éclairée par trois bougies jaunes. Cinq hommes, vêtus en magiciens, paraissent et s'assoient sur des coussins ; plusieurs détonations terribles se font entendre, des gémissements, des convulsions leur succèdent. Un homme s'avance vers l'initié et pose sur son front un ruban aurore couvert de caractères d'argent ; on lui passe autour du cou un second ruban empreint de plusieurs croix tracées avec du sang. Enfin on lui remet une deuxième croix de cuivre chargée d'hiéroglyphes, une espèce d'amulette recouverte de drap et un morceau d'alun qu'il devait mettre dans sa bouche à l'apparition de l'esprit infernal qui fut évoqué...

Tout ceci ne semble que ridicule, voici l'épouvantable horreur : Un des acteurs de cette scène ténébreuse lit l'effroyable formule du serment que les initiés devaient proférer : Il consistait dans la promesse de révéler au chef de l'ordre tous les secrets quelconques qui pourraient être confiés ou découverts,

---

[29] Prusse : Mémoires et documents, v. 14.

d'explorer tout ce qu'il importait de savoir ; d'employer au besoin le fer ou le poison ; de rendre imbéciles ceux dont il était imprudent de trancher les jours. (Dans cette partie du serment se trouvent entre autres, ces mots : *honora semper aquam nefariam.*) De soumettre toute religion, toute promesse, tout devoir, tout sentiment à la décision des chefs. De donner droit de mort sur soi à celui qui pourrait convaincre d'avoir trahi les secrets confiés.

Cet exécrable serment glaça d'une telle horreur les prosélytes qu'ils déclarèrent qu'ils ne pouvaient le prêter. Voilà les détails littéralement concordants qu'ont révélé deux hommes) réputé gens d'honneur, sans se concerter ni se voir. Qu'on ne dise pas : Mais comment ces deux hommes vivent-ils encore ? Car, outre que l'un d'eux, le plus délié, dépérit à vue d'œil, ce n'est pas sous Frédéric II que l'on pouvait faire disparaître deux officiers distingués.

… Cette secte homicide qui tient sous la pointe du glaive ou du poison les rois, les philosophes, les esprits courageux, a des chefs, des ministres, une communication régulière. Les chefs de province ont été appelés à Berlin par leur grand-prêtre l'ambitieux Welner. »

L'année suivante, les délégués des Illuminés à Paris étaient présentés par Mirabeau à la loge des Amis Réunis et une alliance fut conclue entre la franc-maçonnerie française, les Illuminés et les Martinistes. Quelle est la raison de cette volte-face du célèbre orateur ? Probablement l'influence de la belle Henriette Herz ; à toutes les époques la beauté des Juives a été l'un des instruments de la conquête Israélite. Le salon des Mendelssohn, où Mirabeau fit la connaissance d'Henriette Herz, était un centre de réunion des Illuminés. Si l'on rejette celte hypothèse, on pourrait encore supposer un marché conclu à un moment où Mirabeau avait besoin d'argent.

La loge des Amis Réunis où Mirabeau introduisit les délégués allemands, était spécialement chargée des rapports avec l'étranger. Présidée par Savalète de Lange, elle était dirigée par un comité secret composé de Willermoz, Court de Gébelin, Bonneville, Mirabeau et Chappe de la Heuzière, député du Martinisme au congrès de Willhemsbad. Ce comité avait déjà convoqué le 15 Février 1885, un convent international auquel assistaient Talleyrand, Cagliostro, St-Martin, Mirabeau et St-Germain. Si l'on pouvait découvrir les procès-verbaux de ces réunions, ils fourniraient sans doute la clef de la plupart des évènements de la Révolution. Mais les comptes rendus publiés par le *Monde Maçonnique*[30] ont soigneusement supprimé tout ce qui avait trait à l a politique.

Il renferment néanmoins une liste importante et édifiante sur laquelle nous appelons l'attention des auteurs qui nient l'action de l'étranger dans la Révolution Française.

Parmi les membres du Convent, dont la plupart ont pris part aux votes, citons :

Prince Ferdinand de Brunswick.

Prince Charles de Hesse.

Prince Louis de Hesse.

Prince Frédéric de Hesse.

Général Rheinsfort (à Londres).

Baron de Bentz, chancelier de Saxe.

Prince de Nassau.

Duc de Luxembourg.

Baron de Seckendorf (à Anspach).

Maubach (à Londres).

---

[30] Le convent des Philalèthes, 1785-1787. *Monde maçonnique*, v. XIV et XV. Voir pièces justificatives.

D'Ester (à Hambourg).

Brooks (à Londres).

Schmerber (à Fransfort.).

Boode, conseiller aulique à Weimar.

Heseltine (à Londres).

Le Margrave d'Anspach.

Baron Decking (à Varsovie).

Baron de Ditfurth, à Weimar.

Comte d'Esterrazzi[31], à Vienne.

Deick, professeur à Leipsick.

D'Haugwitz[32].

Forster.

Baron de Gleichen (à Ratisbonne).

Prince d'Anhalt (à Hambourg).

Hemerberg (à Francfort).

Matolay (à Vienne).

Docteur Prévost (Galicie).

De Roskampf, conseiller aulique à Heilbronn.

Docteur Stark (à Darmstadt).

De Toll (Stockholm).

Toedon, chirurgien des armées à Berlin.

Comte Zapary (Vienne).

---

[31] Nous respectons l'orthographe du *Monde maçonnique*.

[32] Il s'agit évidemment du conseiller du roi de Prusse dont nous reparlerons dans la suite.

Comte de Wachter (Francfort).

Comte de Stroganoff (St-Pélersbourg).

Comtee Wolner (Berlin).

Baron de Sibal (Stockholm).

De Bernières, Cre général des Suisses.

Kœner (à Leipsick).

Comte de Brülh, lieutenant général au service de Saxe..

Baron de Beulwiz (Gondelstadt-Thuringe).

De Falgera[33], (Munich), etc...

En raison de ce nombre surprenant de francs-maçons étrangers, la résolution suivante fut votée : « Il sera tenu deux protocoles, l'un en Allemand dirigé par le Fr.·. Baron de Gleichen l'autre en Français dirigé par le Fr.·. de Chef-debien[34]. »

Déjà l'affaire du collier, adroitement machinée par la loge des Amis Réuni[35] avait compromis la reine, jeté du discrédit sur l'épiscopat, et accentué le désaccord entre la cour et le parlement. Goethe a émis l'opinion que cette affaire fut « la préface immédiate et le fondement de la Révolution [36]. » Dès l'année 1786, Cagliostro prédit la destruction de la Bastille et une partie des faits qui se produisirent trois ans plus tard[37].

Peu à peu la franc-maçonnerie envahit les parlements,

---

[33] Le compte rendu observe que FALGERA est à Paris avec « la fameuse Mlle Paradis ».

[34] *Monde maçonnique,* v. XIV, p. 104.

[35] DESCHAMPS : *Les sociétés secrètes,* t. II, p. 129.

[36] FUNK BRENTANO : *L'affaire du collier,·,* p. 2 et suiv.

[37] DE LANNOY : *La Révolution préparée par la franc-maçonnerie,* p. 39. Omnia Veritas Ltd, www.omnia-veritas.com.

l'entourage de Louis XVI, et fonde 81 loges à Paris et plus de 200 en province[38].

Les parlementaires se rattachent à la stricte Observance templière réformée d'Allemagne, dont le grand maître est le duc Ferdinand de Brunswick ; c'est ce dernier groupement « qui donnera le premier et le plus sérieux assaut à la monarchie[39]. »

L'influence Prussienne sur la franc-maçonnerie n'était d'ailleurs pas récente : Dès l'année 1762, une commission réunie à Bordeaux rédigeait les statuts du rite Ecossais. On sait que ce rite constitue une sorte d'aristocratie dans la franc-maçonnerie. L'article 3 établit « un souverain Conseil composé des présidents des conseils particuliers, sous la présidence du Souverain des Souverains, S. M. Frédéric II roi de Prusse, ou de son représentant[40]. »

Frédéric II s'intéressait aux travaux des loges, tandis que le duc d'Orléans n'assistait qu'aux fêtes et aux banquets. En 1786, quelque mois avant sa mort, le roi de Prusse présidait encore en personne le suprême Conseil qui porta à 33 le nombre de degrés du rite Écossais[41].

La loge l'Union de Francfort déclarait ne reconnaître d'autre autorité que la grande Loge de Londres[42].

Un autre détail indique l'entente existant entre la maçonnerie Anglaise et la maçonnerie Prussienne : Le 10 Février 1790 le

---

[38] BARRUEL : *Mémoires sur le Jacobinisme*, v. p. *65.*

[39] G. BORD : *Autour du Temple*, t. II, p. 501.

[40] Organisation on France des 33 degrés de rite Écossais. (Le *Monde maçonnique.* v. III, p. 155).

[41] Rapport du Fr. PYRON.

[42] Findel : *Histoire de la franc-maçonnerie*, t. I p. 342.

Prince Édouard d'Angleterre, le Duc de Kent et le Prince Auguste Frédéric Duc de Sussex, sont reçus membres d'une loge de Berlin[43].

Les révolutionnaire avaient découvert dans la famille royale un ambitieux disposé à renverser Louis XVI afin de prendre sa place ; ce prince sans scrupules était assez dénué d'intelligence pour croire que la devise maçonnique L. P. D. *(Lilia pedibus destrue),* signifiait Louis Philippe d'Orléans. Comme en même temps il possède une magnifique fortune, ce sera le chef rêvé : il servira à lancer le mouvement, puis on se débarrassera de lui. Le Duc d'Orléans fut donc nommé Grand Maître de la franc-maçonnerie en 1771, à la mort du Cte de Clermont. Mais son rôle se borna à figurer de loin en loin aux cérémonies d'apparat[44].

À la fin de 1788, deux des directeurs des Illuminés Allemands, Bode et Knigge se rendent à Paris pour activer les préparatifs. À l'ouverture des États généraux, une loge de propagande est fondée, 26, rue Richelieu ; le duc d'Orléans y verse 400.000 francs, des souscription, dont les listes sont introuvable, ajoutent 1.100.000 francs. Parmi ses membres signalons les Anglais Boyle, O'Kard, O'Connor, Price, et William Howard, les Genévois Clavière, Duroveray et Verne, les Espagnols Benarvides, St Severanda, d'Aguilar, d'Oyoso, l'Allemand Grimm, etc. Lord Stanhope l'un des chefs de la franc-maçonnerie Anglaise, y venait fréquemment. On voit à quel point la franc-maçonnerie semble avoir subi l'influence étrangère. D'ailleurs Cagliostro reconnut au cours de son procès, avoir reçu la mission de préparer les loges Françaises à accepter la direction des Illuminés Allemands.

Le comte de Haugwitz, l'un des chef de la maçonnerie

---

[43] *Id.*, t. II, p. 14, le F.·. FINDEL nie d'ailleurs l'action de la franc-maçonnerie sur la Révolution Française.

[44] Compte-rendu du Congrès maçonnique de 1889, p. 52.

Prussienne, avoua en quittant la secte, que la Révolution Française, le régicide, etc., avaient été résolus en Allemagne par la franc-maçonnerie[45]. C'est l'explication du mot attribué à Mirabeau ; montrant Louis XVI à l'ouverture des États Généraux, le tribun s'écria dit-on : « Voilà la victime. »

Il n'est pas inutile de faire remarquer que sur 605 député du Tiers État, 477 appartenaient à la franc-maçonnerie.

Après le 17 Juin 1789, écrit le juge Colliette Mégret au ministre de l'Intérieur François, on aurait cru être en loge à l'Assemblée nationale. La Franc-Maçonnerie a prodigieusement contribué à la Révolution[46]. « Mégret signale le réveil de la franc-maçonnerie en Germinal an VII : « Les loges semblent se reconstruire de toutes parts. On n'y reçoit que des citoyens éprouvés par leur haine à la royauté et à l'anarchie, par leur attachement à la république et à la Constitution de l'an III. Tout membre qui varierait à cet égard serait chassé et proscrit. »

En résumé la franc-maçonnerie a été un merveilleux instrument de démolition ; mais elle paraît avoir été employée par la main invisible dont parle Robespierre. L'impulsion semble avoir été donnée par l'Allemagne el l'Angleterre. Une fois la monarchie renversée, la puissance de la franc-maçonnerie décline, au moment précis où l'étranger n'a plus besoin de ses services ; d'ailleurs il peut n'y avoir là qu'une simple coïncidence. Pendant la Terreur les principales loges se ferment et une grande partie des chefs de la secte sont proscrits. C'est en 1795 seulement que Rœltier de Montaleau entreprit de réveiller les loges. La première grande fête organisée à Paris par 18 loges eut lieu en 1797. Le F.·. Colfavru constate[47] que « sous l'homme

---

[45] Voir aux pièces justificatives l'article sur la condamnation de Louis XVI par la franc-maçonnerie.

[46] Archives nationales. F^7 7566 R^1 630.

[47] Rapport au Congrès maçonnique international de 1789.

sinistre de Brumaire, la maçonnerie se développe,... mais elle ne peut vivre qu'en flattant le despote. » Elle continuera d'ailleurs à faire des protestations de dévouement et de fidélité à l'Empire, à la Restauration, à Louis Philippe, à Napoléon III, etc., et nous pouvons dire avec le F∴ Colfavru : « Rien de plus misérable que ces adulations, ces flagorneries au pouvoir[48]. »

Les personnes qui ne veulent pas admettre la direction Anglo-Prussienne de la franc-maçonnerie en 1789, peuvent expliquer le rôle de la secte par l'antique tradition Templière : depuis la mort de Jacque Molay, les Templiers ont toujours projeté de se venger sur le roi de France et sur le Pape. M. Tourmentin, le célèbre écrivain anti-maçon, a réuni un certain nombre de documents curieux sur les origines Templières de la franc-maçonnerie. Par contre le Fr∴ Jouaust[49] nie cette hypothèse et fournit d'assez bons argument en faveur de l'origine purement Anglaise.

Quoiqu'il en soit, l'influence Anglaise et même l'influence Prussienne à l'époque révolutionnaire paraissent indiscutables.

Après la chute de la monarchie, c'est l'Illuminisme Allemand qui lança l'ide de la fête de la Déesse Raison et proposa une religion nouvelle, destinée à supplanter le catholicisme. Ensuite il est à peu près impossible de découvrir les relations de notre franc-maçonnerie avec l'étranger. Il faut seulement se souvenir d'une observation fort juste du F∴ Dequaire au congrès de 1889 : « Le grand mouvement de 1789 est inintelligible pour quiconque ne s'est pas préparé à l'étudier à l'aide de l'histoire maçonnique ».

C'est avec raison qu'Henri Martin a appelé les sociétés secrètes « le laboratoire de la Révolution. »

---

[48] *Id*, p. 75.

[49] *Le Monde Maçonnique*, v. VI, p. 9.

CHAPITRE III

LES ISRAÉLITES[50]

La franc-maçonnerie est-elle actuellement dirigée par les chefs de la nation Israélite ? Beaucoup d'auteurs l'affirment mais les preuves manquent. En principe les Juifs ne font pas partie du conseil de l'ordre. Mais le Fr. Hubert écrivait en 1886 dans la *Chaîne d'Union,* journal de la maçonnerie universelle : « dans tous les temps nous avons accepté dans nos ateliers maçonniques des Israélites... La liste serait longue si je voulais entreprendre d'énumérer les noms ·parmi les plus remarquables des Israélites qui ont fait ou qui font partie encorde la franc-maçonnerie »[51].

M. Bernard Lazare affirme qu'il y eut des Juifs au berceau de la franc-maçonnerie[52].

Plus tard un franc-maçon a déclaré à M. de Camille : « J'ai quitté ma loge parce que j'ai acquis la conviction que nous

---

[50] Afin d'éviter des rectifications, l'appelons que nous comptons parmi les Juifs non seulement ceux qui pratiquent la religion Juive mais toutes les personnes qui appartiennent à la *race* Israélite.

[51] Voir *Revue des Société Secrètes*, 1918.

[52] Bernard Lazare : *L'antisémitisme, son histoire, ses causes.*

n'étions que l'instrument des Juifs »[53].

Actuellement la franc-maçonnerie Anglaise compte environ vingt pour cent d'Israélites : 43.000 sur 225.000[54] ; la loge Hiram est entièrement Juive.

En Prusse au contraire les principales loges n'admettent pas les Israélites.

Au XVIIIe siècle les Juifs étaient difficilement reçus dans nos loges.

Il n'en est plus de même actuellement et l'affaire Dreyfus a prouvé l'influence exercée par les Juifs sur la franc-maçonnerie. On s'est demandé si l'alliance Judéo-maçonnique existait en 1789. Voici les arguments en faveur de cette thèse : Weishaupt, fondateur de l'Illuminisme, était Israélite, comme Paschales et Martines chefs des Martinistes.

Les deux premiers francs-maçons qui aient joué un rôle politique, étaient également Juifs, Cagliostro et St-Germain. Les deux Prussiens qui se sont signalés à l'assaut de la monarchie, Éphraïm el Anacharsis Cloots, appartenaient à la même race. Les « rites religieux de tous les Illuminés ont empruntés à la Kabbale »[55].

Enfin le rite de Misraïm a été créé en France sous le premier empire par un aventurier Juif, le Fr. Bédarrides.

Les partisans de la thèse contraire répondent que s'il est certain que Cloots, Éphraïm et Weishaupt étaient Juifs, il existe

---

[53] Delassus : *La question juive*, p. 20.

[54] Théo. Dedalus : *L'Angleterre Juive*.

[55] DELASSUS : *Le problème de l'heure présente*.

une certaine incertitude au sujet de Cagliostro, Paschales, Martine et St-Germain.

La situation des Juifs en France sous Louis XVI était tout à fait inférieure ; les chefs de la franc-maçonnerie appartenaient aux races latines et Anglo-saxonnes.

Quoi qu'il en soit, il est curieux de comparer le petit nombre des Israélites habitant Paris au moment de la Révolution avec l'importance du rôle qu'ils ont joué. On sait quelle était leur situation sous la monarchie ; il est assez naturel que les Juifs aient été partisans d'un changement de régime. En outre puisque les sociétés secrètes attaquaient le catholicisme, les juifs étaient naturellement les allié des francs- maçons, et ils continueront sous tous les régimes. Suivant l'expression de M. E. Flourens, « l'œuvre de démolition ne s'arrêtera que quand sur les ruines des empires chrétiens se dressera le royaume d'Israël. »

Il ne faut pas d'ailleurs oublier la phrase d'un rabbin Anglais citée par sir J. Readcliff[56] : « Chaque guerre, chaque révolution rapproche le moment où nous atteindrons le but suprême vers lequel nous tendons ». On n'ignore pas que ce but est l'établissement de la suprématie de la race Juive sur le monde enlier.

Voici le plan exposé dans le procès-verbaux des réunions secrètes des sages d'Israël, à propos des relations avec la franc-maçonnerie : « Nous multiplierons les loges maçonniques dans tous les pays du monde ; elles seront centralisées sous une seule direction connue de nous seuls et inconnue des autres. Elles auront leur représentant dans notre conseil de direction où ce représentant fera la liaison avec le gouvernement maçonnique

---

[56] *Le Contemporain.* 1er Juillet 1880.

ostensible »[57].

La franc-maçonnerie s'est toujours faite l'avocate des revendications Juive ; dès l'année 1781 on voit un Israélite, Morin, grand inspecteur général de la franc-maçonnerie de Paris[58]. C'est dans un salon Israélite, chez les Mendelssohn, que Mirabeau se lia avec les Illuminés dont le fondateur Weishaupt était Juif. Du jour ou Mirabeau eut fait dans ce salon la connaissance de la belle Henriette Herz il fut en France le défenseur des Israélites[59].

Habituellement absorbés· par leurs affaires, les Juifs de France paraissent étrangers à la politique sous Louis XVI. Les premiers d'entre eux qui jouent un rôle sont un Sicilien, Cagliostro et un Portugais, St-Germain, qui servent de trait d'union entre la franc-maçonnerie étrangère et les loges Françaises.

Balsamo, fils d'un banqueroutier, avait quitté l'Italie afin d'éviter une condamnation pour faux ; il gagna quelque argent à Londres en faisant du chantage et partit pour l'Allemagne. Là il s'improvise à la fois médecin et comte de Cagliostro. Arrivé en 1780 à Strasbourg, il opère des cures merveilleuses[60], conquiert toutes les sympathies et inspire au cardinal de Rohan une confiance san borne. Il trouve moyen de ne pas être trop compromis dans l'affaire du collier, mais néanmoins il est exilé et s'installe à Londres. Après plusieurs voyages en Italie, en Allemagne, en Suisse, etc., Cagliostro fut condamné à Rome à cause de son affiliation aux sociétés secrètes et sa carrière

---

[57] Protocoles d'Israël. Edition de la vieille France, p. 54.

[58] Lecouteulx de Canteleu : *Sectes et Sociétés Secrètes*.

[59] Claudio Janet : *Les Précurseurs. Les Sociétés Secrètes*.

[60] Ses traitements avaient toutefois un inconvénient : dans les cas graves il ne guérissait qu'en envoyant la maladie dans une autre personne. (Voir Dauphin Meunier. *La Comtesse de Mirabeau*).

mouvementée s'acheva en prison.

St-Germain faisait courir le bruit qu'il était fils naturel du roi de Portugal. En réalité on n'est pas fixé sur la véritable patrie de son père ; on croit seulement que c'était un banquier Israélite, probablement Portugais. À Milan, St-Germain s'appelait le chevalier Valdone, à Vienne le marquis de Montferrat, à Venise le comte de Bellemare, dans d'autres pays le comte de Tzagory, le comte Soltikof, ou le chevalier Schœning. Il parlait d'ailleurs toutes les langues, ce qui facilitait ses métamorphoses[61].

St-Germain réussit à capter la confiance de Louis XV et, d'après M. Lenôtre, il aurait fait de l'espionnage au profit de Frédéric II. Il éveilla si bien les soupçons du gouvernement Français que Choiseul donna en 1759 l'ordre de l'arrêter ; mais St-Germain s'échappa et se réfugia à Londres ; après la guerre de sept ans il accepta l'hospitalité du Prince Charles de Hesse et resta chez lui jusqu'à sa mort.

St-Germain portait jusqu'à 200.000 francs de diamants sur ses habits et disposait, ainsi que Cagliostro, de très grosses sommes d'argent. Casanova[62] raconte en ces termes sa présentation à St-Germain : « Il se trouvait en robe d'Arménien, en bonnet pointu. Il tenait en main une baguette d'ivoire. Autour de lui une vingtaine de bouteilles méthodiquement rangées… Il me dit avec un grand sérieux : C'est le comte de Cobentzel, premier ministre d'Autriche, qui me donne de l'occupation. Je travaille pour lui plaire à l'établissement d'une fabrique ».

Casanova ajoute que St-Germain changea devant lui une pièce de douze sous en pièce d'or. C'est exactement le même procédé que Cagliostro : persuader aux imbéciles que l'on

---

[61] Lenôtre : *Prussiens d'hier et de toujours. L'espion sorcier du roi de Prusse*, p. 141.

[62] *Mémoires de Casanova*, t. IV, p. 265.

possède un pouvoir surnaturel, et, sous le couvert de l'excentricité, exécuter dans l'ombre les missions des sociétés secrètes.

Les. premiers pamphlets contre Marie Antoinette furent publiés à Londres par le Juif Angelucci qui se faisait appeler en Angleterre W. Hatkinson. Nous verrons au chapitre VIII, comment toute la campagne contre la reine fut organisée. par le Juif Éphraïm. Marie-Thérèse d'Autriche ayant persécuté les Israélites, il avait été décidé que l'on se vengerait sur ses descendants ; le geôlier Simon s'en chargea.

Le livre du Juif Prussien Dohm sur l'émancipation des Israélites, « a influé plus qu'on ne pourrait dire sur l'ouverture de la Révolution »[63]. « Le Juif, dit Bernard Lazare, a l'esprit révolutionnaire, conscient ou non »[64]. Le journal juif *Haschophet* revendiquait dernièrement la Révolution Française comme une œuvre purement sémitique[65].

Il est à remarquer que les encyclopédistes qui ont lancé le mouvement révolutionnaire étaient antisémites, Voltaire entre autres appelait les Juifs « la plus haïssable et la plus honteuse des petite nations[66] ». Ils ont, remarque-t-il dans le dictionnaire philosophique, « la plus invincible haine pour les peuples qui les tolèrent et les enrichissent ».

Mais quand les philosophes eurent tout renversé, les Israélites furent les premiers à en profiter, avec leur adresse habituelle.

Louis XVI avait décidé en 1788 que le droits civils seraient

---

[63] J. Lémann : *L'entrée des Juifs dans la société Française* p. 373.

[64] Bernard Lazare : *L'antisémitisme, son histoire, ses causes.*

[65] Mgr. Delassus : *La question Juive*, p. 18.

[66] *Dieu et les hommes.* Ch. X. Théo. Dedalus : *L'Angleterre Juive.*

accordés aux Israélites. Il ne semble pas qu'on lui en ait été reconnaissant, et la Révolution s'en attribua tout le mérite. — Nous trouvons cette remarque dans les écrits d'un Israélite de grande valeur qui a embrassé le catholicisme, l'abbé J. Lémann. Il a d'ailleurs formulé avec beaucoup de finesse et de jugement l'inconvénient de la décision de Louis XVI : « Les Juifs ont toujours voulu former une nation à part et impénétrable ; ... les faire citoyens ce sera introduire une nation armée dans une nation désarmée et confiante »[67].

En effet l'une des grandes habiletés des Israélites, c'est de transformer en question de religion une question de race ; ils ont pu ainsi accuser les antisémites d'intolérance religieuse, et se ménager souvent l'appui des protestants contre les catholiques. Suivant la remarque de Portalis, ils forment « moins une religion qu'un peuple qui existe chez toutes les nations sans se confondre avec elles »[68].

Aussitôt que la décision royale d'émanciper les Israélites fut annoncée par Malesherbes, les Juifs sans perdre de temps lancèrent la candidature du banquier Haller pour le portefeuille des finances. Mais il était encore trop tôt pour braver les préjugés ; Haller avait d'ailleurs, d'après la correspondance de Mercy Argenteau, la réputation d'un agioteur sans scrupules.

Presque tous les Israélites qui jouent un rôle au début de la Révolution, arrivent de l'étranger. Ceux de France, satisfaits de leur sort, n'avaient plus de motifs de révolte. Néanmoins le mot d'ordre de renverser la monarchie et le catholicisme n'étant pas modifié, ils suivirent leurs coreligionnaires étrangers avec cette solidarité et cette discipline qui font leur force. « Pendant la période révolutionnaire, les Juifs ne restent pas inactifs, dit M.

---

[67] J. Lémann : *L'entrée des Israélites dans la société Française*, p. 397.

[68] Denais Darnay : *Les Juifs en France*.

B. Lazare[69]. Étant donné leur petit nombre à Paris, on les voit occuper une place considérable comme électeur de section, officier de légion ou assesseur, etc. » Sur les 500 Israélites parisiens on en compte cent dans la garde nationale[70].

D'après M. E. Drumont, Marat était d'origine Juive ; l'un de ses biographes, Cabanes, avait aussi mentionné cette hypothèse que nous n'avons pas pu vérifier. Mais d'après la plupart des auteurs, le ministre des finances Clavière l'était[71], et à coup sûr les deux Prussiens qui ont joué un grand rôle dans la Révolution.

Clavière expulsé de Genève en 1782 fit fortune à la Bourse ; collaborateur de Mirabeau et de Brissot, il publia avec Condorcet la *Chronique du mois ;* il écrivait aussi dans le *Courrier de Provence*. Clavière faisait partie de la franc-maçonnerie. S'il fallait croire le dictionnaire Larousse, il aurait vendu à une loge maçonnique un procédé de préparation de la pierre philosophale, consistant à faire calciner dans une cornue un enfant nouveau-né ! Larousse ne raconte pas quel fut le résultat au point de vue industriel. Mais bientôt la Révolution permit à Clavière de réussir des opérations encore plus fructueuses : chargé des finances dans le ministère Dumouriez en 1792, renvoyé avec Roland, il reprend le pouvoir après le départ de Dumouriez.

On a accusé Clavière d'être un agent de l'Angleterre ; en tout cas il était en rapports fréquents avec les banquiers Boyd el Kerr, agent de Pitt à Paris. Il entretenait en même temps une correspondance active avec Bichoflswerder et Lucchesini, conseillers du roi de Prusse et francs-maçons militants.

Proscrit avec les Girondins, Clavière fut arrêté le 2 juin 1793.

---

[69] Bernard Lazare : *L'antisémitisme en France*.

[70] Monin : *Les Juifs de Paris*. L. Kahn : *Les Juifs de Paris pendant la Révolution*.

[71] M. Chuquet cependant est d'un avis contraire.

Il avait été administrateur d'une compagnie d'assurances sur la vie ; les liquidateurs le poursuivent : 1°» Pour vol d'environ quatre millions qui sont en déficit dans la caisse. 2° Pour avoir soustrait des actions dont la valeur est estimée de deux à trois millions. 3° Pour fabrication d'actes et délibérations tendant à faire disparaître les traces de cette soustraction »[72]. Clavière s'étant suicidé dans sa prison ; le procès fut interrompu, mais on arrêta son frère qui se disposait à aller porter ses économies à Genève, (3 Frimaire, an 2). Ce frère venait d'entrer au ministère des affaires étrangères. Le dossier est muet sur la fin de sa carrière ; il est seulement fait mention du suicide de Madame Clavière deux jours après son mari.

Le deux frère Clavière recevaient dans leur prison, les visites fréquentes de leur coreligionnaire le banquier Bidermann[73].

Fixé à Pari en 1789, Bidermann est nommé trois ans après trésorier du ministère des affaires étrangères, et choisit pour commis J.-J. Clavière, frère du ministre. Il est l'orateur d'une députation envoyée par la Commune de Paris à la Convention ; peu après il prend une part active à l'insurrection du 10 août. Lorsqu'il est arrêté pendant la Terreur, ses amis font valoir que Bidermann « n'a cessé de travailler dans le sens de la Révolution... Il est Suisse ; lui et toute a famille ont toujours été comptés au nombre des plus ardents amis de la Révolution Française »[74]. Le rapport au tribunal révolutionnaire constate que dans la nuit du 9 au 10 août Bidermann n'a pas quitté un instant le conseil général de la Commune pour « préparer le triomphe de la liberté et déjouer le complot de la Cour. C'est sur sa demande qu'on a fait dégarnir le Pont-Neuf des canons que la Cour avait fait placer pour tirer sur le peuple... En Novembre il a été choisi par Pache pour un des directeurs de la commission des

---

[72] Archives nationales. F. 7 4649.

[73] Archives nationales. W¹ 300.

[74] Archives nationales. F. 7 4598.

subsistances[75], a été persécuté par Dumouriez et Custines et a été le premier à dévoiler leurs trahisons[76] » Une lettre de Madame Bidermann faisait valoir aussi au comité de salut public les « sacrifices sans nombre faits par son mari pour concourir au succès de la Révolution » allusion discrète aux sommes versées par le banquier à des personnages politiques. Fit-on intervenir, comme dans un procès moderne, un financier menaçant de donner des noms, cela n'aurait rien d'invraisemblable. En tout cas Bidermann, remis en liberté le 19 Thermidor, put reprendre tranquillement ses spéculations financières.

De récentes publications ont fait connaître le rôle des frères Frey, qui marièrent leur sœur au célèbre Chabot, et furent un moment les auxiliaires de Jean de Batz[77]. Nés en Moravie, ils s'appelaient en réalité Dobruska ; l'un d'eux prit le nom de Schœnfeld en se convertissant au christianisme. D'après le rapport des commissaires chargés de l'affaire Chabot, il y avait deux Frey à Paris, trois en Autriche, et une sœur entretenue par un baron Allemand. Le rapport ne dit pas si c'est cette sœur qui devint Mme Chabot. « Ces intrigants rusés et dangereux se faufilent avec des personnes jouissant d'une grande réputation et popularité, espérant par leur faux patriotisme mériter leur confiance et arriver aux premières places de la République »[78].

On peut se demander pourquoi les Frey, jouissant d'une fort belle fortune en Allemagne, puisque leurs terres étaient évaluées deux millions, se lancent dans la tourmente révolutionnaire. Le

---

[75] Nous avons exposé le rôle antipatriotique de cette commission des subsistances dans l'histoire du Général Dumouriez (un volume chez Perrin 1913). Mais personnellement Bidermann ne semble pas avoir commis de malversation.

[76] Archives nationales. F 7 4598.

[77] Lenôtre : *Le Baron de Batz*, p. 45 et suiv. Baron de Batz : *La vie et les conspirations de J. de Batz*.

[78] Archives nationales, W. 342.648. L. Kahn : *Les Juifs à Paris pendant la Révolution*.

bulletin du Tribunal répond : « Les Frey, agents secrets des puissances étrangères dont ils dirigent les travaux de corruption, etc. ».

Emmanuel et Moïse Frey étaient en effet espions du gouvernement Autrichien, et rendirent assez de services pour obtenir tous deux le titre de Baron[79]. Le célèbre baron de Trenck racontait que l'aîné des Frey était venu à Vienne pour trafiquer de la beauté de ses deux sœurs qui étaient fort jolies ; elles firent tant de scandales que le gouvernement autrichien les expulsa. Trenck connaissait parfaitement ce personnage et savait qu'il était employé comme espion par les empereurs Joseph et Léopold[80]. M. A. Mathiez le croit affilié à la franc-maçonnerie et aux Illuminés de Weishaupt.

Les frères Frey, en relations suivies avec Éphraïm, étaient très probablement aussi employés par le gouvernement Prussien.

Une fois en France, Moïse se métamorphose en Junius Frey. Reçu ainsi que son frère au club des Jacobins de Strasbourg, puis à celui de Paris (Juin 1791), il s'installe, 19, rue d'Anjou. Les deux frères donnent d'excellents dîners dont les habitués sont Chabot, Lebrun Tondu, Fabre d'Églantine, Éphraïm, Ronsin, Prohly, Pereyra, Desfieux.

Membres du comité d'insurrection, les Frey versèrent des sommes considérables pour l'entretien des bandes cosmopolites qui firent les journées du 20 Juin et du 10 Août[81]. Ils prennent part à cette dernière insurrection et sont légèrement blessés. Ce titre de gloire ne devait pas les empêcher plu tard d'être arrêtés. Après la chute de la monarchie, les Frey semblent passer au service des contre-révolutionnaires et deviennent agents de Jean

---

[79] Feuilles d'Histoire, 1er Janvier 1914. Article de M. P. Bart.

[80] Recueil de Tuetey. Vol. X^1, p. 235.

[81] Sybel : *Histoire de l'Europe*, I, p. 397.

de Batz[82].

C'est à leur instigation que Chabot et ses amis abattent les Girondins ; mais bientôt les Frey sont arrêté à leur tour en même temps que Chabot à qui il ont fait épouser leur sœur. On leur reproche de « dépenser de deux à trois mille francs par mois pour leur table, pendant que le peuple s'écrase à la porte des boulangeries pour obtenir un morceau de pain[83] ». Ce qui était plus grave, et ce que l'on n'osait pas raconter trop haut, c'était la distribution de pots de vin à la Convention. Un jour par exemple, avec la complicité de Delaunay et de Julien (de Toulouse), les Frey confient 150.000 livres à Chabot pour causer une panique financière. Un autre jour, comme Fabre d'Églantine attaquait violemment la Compagnie des Indes, Chabot est chargé de lui remettre 100.000 livres pour le faire taire. Il garde l'argent et prétend l'avoir remis à Fabre[84].

Dans l'interrogatoire de Diederichsen, le factotum des frères Frey, on remarque la question suivante : « Junius Frey, n'a-t-il pas eu des conférences fréquentes avec l'empereur d'Autriche ? » Diederichsen répond : « J'ai eu connaissance de ces conférence sans en savoir l'objet ».

Junius et Emmanuel Frey furent guillotinés en même temps que Chabot.

Parmi les habitués des dîners des frères Frey, nous avons cité trois noms qui se re trouvent fréquemment gans l'histoire de la Révolution :. Pereyra, Proly, Desfieux. Le comte Proly est fils naturel du ministre Autrichien Kaunitz ; Pereyra (Juda de Jacob)

---

[82] Archives nationales, F. 7 4774. 67.

[83] Archives nationales, F. 7 4637.

[84] Hamel : *Histoire de Robespierre*, t. III, p. 303.

Juif Portugais, est marchand de tabac rue Saint-Honoré [85] ; Desfieux est marchand de vins de Bordeaux. Par quel hasard les rencontre-t-on toujours ensemble et soupant chez Mme de Ste Amaranthe, spéculant à la Bourse sur les actions de la mer Rouge, membres du comité d'insurrection de la Commune de Paris, et délégués du club des Jacobins à l'armée de Dumouriez[86]. Pereyra, membre du club de St-Roch et assesseur du juge de paix du quartier, est lié avec Cloots, Hébert, Hérault de Séchelles et Ronsin ; il prend part à toutes les émeutes, fait rayer Kellermann du club des Jacobins, et demande des poursuite contre lui. Il participe à la chute des Girondins, il travaille à l'établissement d'un triumvirat, Robespierre, Danton et Marat, puis après la mort de Louis XVI, il passe au service des contre-révolutionnaires. On trouve en tête de la liste des agents secrets de Batz, Pereyra, Proly, Desfieux[87].

Pereyra a alors deux domiciles, 55 et 105 rue St-Denis ; dénoncé par Barbaroux, puis par Robespierre, comme faisant partie d'un comité étranger, Pereyra fut arrêté pendant la Terreur et guillotiné. Le procès-verbal d'attestation relate qu'après « avoir élagué un grand nombre de papiers inutiles, nous avons resserré le surplus dans un panier que nous avons scellé »[88]. Suit l'énumération de 96 lettres en Anglais, 92 pièces en anglais, 73 pièces en anglais, 68 de même, etc. Il est regrettable que ces papiers aient disparu ; on y trouverait sans doute des preuves de l'action du gouvernement Anglais sur Pereyra et ses amis.

À côté de ces figures connues, un grand nombre d'Israélites jouent dans la Révolution un rôle modeste. Isaïe Spire est préposé à la subsistance des troupes. Cerf Beer, banquier faubourg Montmartre, est fournisseur des armées et juré au tribunal

---

[85] Il avait d'abord été bijoutier à Bordeaux.

[86] Archives nationales. T. 1684.

[87] Archives nationales. F. 7 4774.

[88] Archives nationales. T. 1658.

criminel. L'Allemand Isaac Calmer, millionnaire en sabots, président du club révolutionnaire de Clichy, se signale par sa violence, pendant que son frère Benjamin Calmer, agent de change, reste royaliste ; de celte façon la famille a un appui dans tous les partis. Malgré les soupçons pesant sur son patriotisme, Benjamin Calmer est nommé commissaire de la liquidation des biens de Philippe Égalité. C'est probablement lui qui est qualifié dans les actes de la Commune « Calmer seigneur de la terre d'Ailly ». Isaac Calmer ayant oublié de faire gratter les fleurs de lys ornant les cheminées de son château de Clichy-la-Garenne, fut dénoncé par les familles de plusieurs de ses victimes ; les deux frères furent guillotinés à la fin de la Terreur[89].

L'Allemand Heymen est assesseur de juge de paix à Paris. Isaïe Beer Bing, auteur d'un volume sur les Juifs, est très lié avec Éphraïm et fréquente avec lui les cercles révolutionnaires. C'est un ami de Lafayette, Grégoire, Rœderer, et Emmery.

Hazan est membre du comité de surveillance générale. D'Acosta commande une compagnie de la garde nationale. Rosenthal commande la légion chargée de la garde du Temple. Calman est commissaire du district des Petits Pères. Le Genévois Kermer est membre du club des Tuileries. Le Danois Diederichsen est l'homme de confiance des Frey. Les banquiers Boyd et Kerr sont agents secrets de Pitt à Paris[90]. Z. Hourwitz, né en Lithuanie, colporteur à Berlin et à Paris, puis conservateur des manuscrits à la bibliothèque du roi au début de la Révolution, écrit dans les journaux avancés et donne le quart de son revenu comme contribution patriotique. On le retrouve sous l'empire, professeur de langues étrangères. Mayer, plus occupé de spéculations que de politique, dépense dit-on, 300.000 livres pour un seul dîner offert après le 9 Thermidor à dix ministres et

---

[89] L. Kahn : *Les Juifs à Paris.*
[90] Archives nationales. W 389 n° 904.

députés[91].

On trouve dans le comité révolutionnaire, Jacob Reis, Léon Azur, Fould, Weisweiler, etc.

Les Israélites de Paris formaient une association dont les chefs ont signé une adresse à l'Assemblée Constituante[92]. Cette pièce nous apprend que le président était Godschmit (peut-être voulait-on dire Goldschmidt) le vice-président Lagouna ; Weil et Benjamin Fernandez s'intitulent électeurs ; Lévi, Jacob, Pereyra, Trenelle, Elie, Weil, Delcampo et Brandon députés.

Une autre pétition signée Mardochée (député) et Silveyra (agent) expose l'injustice dont sont victimes les Juifs de Paris : ils sont moins bien traités, paraît-il, que leurs coreligionnaires étrangers. Et pourtant ils sont tous « de la même famille, descendants de Jacob fils d'Isaac »[93].

Voici d'ailleurs comment les révolutionnaires comprenaient la fraternité vis-à-vis des Israélites leurs alliés : L'arrêté du 16 Messidor, an II, défend aux Juifs de suivre l'armée sous peine de mort[94]. Le journal *le Propagateur*[95] se plaignait que depuis la Révolution, le Français fût « chaque jour exposé à traiter avec un Juif, sans aucun moyen de s'avertir que ce n'est pas avec un homme qu'il traite, mais avec un ennemi ».

Un personnage mystérieux nommé Falc, joue un certain rôle dans les sociétés secrètes de la fin du XVIIIe siècle. Il est quelquefois qualifié de grand rabbin. Savalette de Langes dans sa

---

[91] Schmidt : *Tableau de la Révolution Française*.

[92] Actes de la Commune de Paris publiés par S. Lacroix, v. VII, p. 554.

[93] Actes de la Commune de Paris, 2e série, t. IV, Mai 1791.

[94] L'arrêté est signé Laurent représentant du peuple près de l'armée du Nord.

[95] 17 Brumaire an VIII.

correspondance l'appelle simplement le docteur Falc. D'origine allemande, il habitait surtout à Londres. Il avait prédit le trône à Philippe Égalité[96].

En résumé un très petit groupe d'Israélites s'est fait rapidement une situation et a joué dans la Révolution un rôle important ; mais les Juifs de France ont passé inaperçus. Ceux qui dirigeaient leurs coreligionnaires étaient arrivés de l'étranger à la fin du règne de Louis XVI.

Contrairement à ce que l'on pourrait supposer, les spéculations de Bourse à l'époque révolutionnaire sont surtout le fait des protestants.

Les Juifs accaparent principalement les meubles des châteaux, les trésors des églises, et deviennent maîtres de la propriété foncière au moyen de prêts usuraires[97].

---

[96] P. Moniquet : *La France en péril.*

[97] Capefigue : *Histoire des grandes opérations financières.* E. Drumont : *La France Juive*, t. I, p. 305.

CHAPITRE IV

LES PROTESTANTS

La coalition Judée-maçonnique trouva parmi les protestants un appui si considérable que M. Sourdat a écrit un volume pour établir que « les véritable auteurs de la Révolution sont les protestants »[98]. Il y a là une exagération évidente ; mais les protestants ont donné aux francs-maçons un appui continuel. « L'un des principaux fondateurs de la franc-maçonnerie moderne, fut J. Th. Désaguliers, fils d'un pasteur protestant que la révocation de l'édit de Nantes contraignit de quitter la France »[99]. Fixé à Londres, ami et collaborateur de Newton, J. Th. Désaguliers devint à trente-six ans, le troisième grand-maître de la Grande Loge d'Angleterre (1719).

La franc-maçonnerie attaquant en secret le catholicisme, devait avoir les sympathies des protestants. Ceux-ci, d'autre part, n'avaient généralement pas eu à se louer de la monarchie Française ; aussi les retrouve-t-on à différentes époques dans tous les complots. Il en résulta un redoublement de mesures de rigueur qui fit attribuer à l'intolérance des catholiques des poursuites d'ordre politique.

Longtemps après les machinations de Coligny avec

---

[98] Sourdat : *Les véritables auteurs de La Révolution.*

[99] *Compte* rendu *des séances du congrès maçonnique international* de 1889, p. 36. (rapport du F Amiable).

l'Angleterre contre le roi de France[100], le duc de Bavière organisait en Allemagne, « à la demande des protestants Français, une vraie croisade huguenote » [101] et préparait l'invasion de notre pays en 1587. Sous Louis XIII, Guiton, maire protestant de la Rochelle, demande l'aide des Anglais contre le roi[102]. Plus tard, les huguenots nouent des intrigues avec les Espagnols. Il y a donc des circonstances atténuantes aux persécutions dirigées contre eux par notre monarchie.

Franklin signale les menées Anglaises dans les Cévennes pour créer avec la complicité des protestant une province indépendante sous le protectorat Britannique.

Les désordres de Nîmes en 1790 sont causés par les protestants qui massacrent les capucins.

Après la déplorable révocation de l'édit de Nantes, les yeux des protestants Français se tournèrent vers l'Angleterre et la Suisse : il y avait à Genève à la fin du XVIIIe siècle un groupe d'hommes intelligents et actifs dont l'influence rayonnait sur toute l'Europe. Ces protestants étaient en même temps les premiers financiers du monde. C'est ce qui explique la nomination de Necker au ministère des finances.

Il n'est pas aisé de se faire une opinion sur ce personnage dont on a dit beaucoup de bien et beaucoup de mal.

D'après Ginguené[103] (membre de l'Institut), Necker « né républicain haïssait les rois... né protestant il a toujours eu pour vœu secret de perdre le clergé et de discréditer la religion

---

[100] Voir E. Renauld : *Le péril protestant,* p. 33 et suiv.

[101] Baguenault de Puchesse : *L'échec de l'invasion Allemande en* 1587. (Correspondant du 25 Novembre 1914.)

[102] Charles MAURRAS : *La politique religieuse.*

[103] Guinguené. *Necker,* 1796.

catholique ». Son compatriote Clavière écrivait à Isaac Cornuaud « Necker a beaucoup plus de superficie que de profondeur. Je lui dénie le cœur de l'homme droit et ami de l'humanité »[104].

Mais Clavière était sujet à caution. Napoléon Ier recevant le baron A. de Staël, petit-fils de Necker, lui déclarait : » Votre grand-père a renversé la monarchie ; il a conduit le roi à l'échafaud »[105].

En revanche Necker a trouvé des apologistes de talent, non seulement dans sa famille, mais parmi les écrivain appartenant aux opinions les plus diverses. Il a opéré quelque réformes fort utiles, celle de hôpitaux entre autres.

Suivant l'observation de M. le Marquis de Ségur[106], « du jour où Louis XVI accepta le remède ingénieux inventé par Necker (les États généraux), la Révolution ne fut plus qu'une question de temps. » Mais en préparant la Révolution, il ne pensait pas sans doute envoyer Louis XVI et Marie-Antoinette à l'échafaud. Comme beaucoup de constitutionnels, il n'a pas cru que la conquête de la liberté et la suppression des abus devaient avoir pour conséquences les massacre et le tribunal révolutionnaire.

« Necker, dit M. Ch. Dupuy, était un brouillon mai pas un révolutionnaire. Ses protégés, venus de Genève, avaient moins de scrupules et plus d'audace[107]. »

Vergennes, qui le traitait aussi de brouillon agité, exposait au roi l'appréhension du clergé en voyant son ennemi naturel à la tête des finances. Il signale « les éloges qu'on lui donne dans une

---

[104] Mémoires d'Isaac Cornuaud, publiés récemment par Mlle Cherbuliez.

[105] Œuvres du baron de STAËL.

[106] *Le couchant de la monarchie.* T. II, p. 377.

[107] Louis XVI et la conjuration Gènevoise. *Le Soleil,* 10·Aout 1918.

partie du parlement Britannique, dont toutes les faction se réunissent quand il faut nous haïr et nous nuire[108]. »

Comme tous les Suisses, Necker subissait en effet l'influence anglaise ; il avait failli marier sa fille (Mme de Staël) à William Pitt. Burke disait à la chambre des Communes : « M. Necker est notre meilleur ami sur le continent. » D'ailleurs la famille Necker, fixée à Genève au début du XVIIIe siècle, était d'origine irlandaise et avait conservé beaucoup de relations avec l'Angleterre.

Une grave accusation contre Necker se trouve dans le rapport de Garran de Coulon au comité des recherches à propos de la famine de 1789 : Necker aurait écrit à Bertier de faire couper les seigles avant la récolte, de façon à aggraver la disette. Bertier n'exécuta pas l'ordre et fut néanmoins massacré comme accapareur[109].

Nous ignorons sur quelles preuves s'appuyait Garran de Coulon. Mirabeau écrivait à Mauvillon[110] : « Necker sent bien que son règne sera fini le jour du rétablissement de l'ordre. » Il disait de Necker à Brunswick : « Ce financier médiocre perdrait dix empires plutôt que de compromettre son amour-propre. » Seulement Mirabeau était l'ennemi du ministre.

Ce qui semble mieux établi c'est la participation de la famille de Necker aux troubles de 1789 : son gendre, le Baron de Staël Holstein, sous prétexte de se renseigner, fréquentait les milieux les plus exaltés et mettait les conspirateurs au courant de ce qui

---

[108] Marquis de Ségur : *Le couchant de la monarchie*, II, p. 413.

[109] *Rapport de Garran de Coulon*, p. 48. Bord. *La prise de la Bastille*, p. 33.

[110] *Mémoires de Mirabeau*, t. VIII, p. 20.

se passait au Conseil du roi[111].

Lorsque le parti révolutionnaire eut triomphé, M. de Staël entretint de fréquentes négociations avec le comité de Salut public au nom des cours protestantes. Le 6 Décembre 1793, Soulavie remit de sa part à Robespierre les conditions des états protestants du nord à la reconnaissance du gouvernement révolutionnaire. L'une des principale était la substitution du protestantisme au catholicisme en France. D'après M. Ch. Dupuy, Robespierre accepta en principe. La question resta longtemps en suspens ; plus tard le concordat, déjouant les espérances des protestants, fut la véritable cause de l'animosité de Mme de Staël contre Napoléon Ier[112].

S'il faut croire Léouzon Le Duc[113], le Baron de Staël Holstein était constitutionnel ; c'est sa femme qui le poussait vers le parti Jacobin ; en tout cas il s'opposa aux projets du roi de Suède contre la Révolution. Il estimait en 1789 que « la nation française est dépourvue des qualités nécessaires à un peuple libre. » On pourrait en conclure que Staël travaillait non pas en faveur de la liberté, mais au profil du complot international contre la France. Quant à Mme de Staël, Jacquet de la Douay. procureur du roi dans la principauté des Dombes, l'accuse de trahir la reine[114] et signale l'étonnement éprouvé par les dames de la cour envoya nt Mme de Staël dans les bonne grâce de Marie-Antoinette.

D'un autre côté, on assure qu'elle complota plus tard avec Narbonne de sauver le roi et la reine, en achetant une terre près

---

[111] G. Bord : *La conspiration révolutionnaire de 1789*, p. 37.

[112] Ch. Dupuy, *Louis XVI et la conjuration Gènevoise*.

[113] *Préface à la correspondance diplomatique du baron de Staël Holstein*.

[114] F. Descotes. *La Révolution Française, vue de l'étranger*.

de Dieppe et en y conduisant la famille royale déguisée[115].

Louis Necker, frère du ministre, faisait partie de la loge des Amis Réunis dont nous avons expliqué le rôle révolutionnaire et international. Enfin son beau-frère, Germain, était membre du club de la Propagande qui organisa le massacre des gardes du corps[116] : Le comte de Vaudreuil a répété un mot de Marie-Antoinette après la prise de la Bastille : « Vous aviez raison, lui dit- elle, Necker est un traître ; nous sommes perdus[117]. » Cette opinion de la reine ne semble pas être généralement partagée ; mais Necker fut un instrument probablement inconscient du complot révolutionnaire. Il jouit d'une immense popularité tant qu'il fut jugé utile aux projets du syndicat international, mais quinze mois après son retour triomphal, il donna sa démission sans que personne songeât à le retenir[118].

S'il est exact que Fersen partageait l'opinion de Gustave III sur la culpabilité de Necker[119], le Baron de Frénilly assure au contraire que ce ministre s'efforça d'arrêter le torrent dont il avait ouvert la digue[120].

En revanche, M. Gustave Bord affirme que la franc-maçonnerie avait donné à Necker la mission de préparer la Révolution. Mais, comme la plupart des francs-maçons, il ignorait probablement les projets de la secte, et il a pu être animé d'excellentes intentions.

Voici enfin le jugement porté sur Necker par Mallet du Pan :

---

[115] E. Welwert. *Autour d'une dame d'honneur*.

[116] Dasté. *Marie-Antoinette et la Terreur*.

[117] Correspondance de Vaudreuil avec le comte d'Artois. Introduction.

[118] Bardoux. *Pauline de Beaumont*, p. 148.

[119] Lady Blennerhasset. *Mme de Staël et son temps*, t. II, p. 26 et 28.

[120] *Souvenirs du Baron de Frénilly*, p. 129.

« Il me paraît un des hommes qui ont fait le plus de mal à cette monarchie et la justice ne m'oblige envers lui qu'à ne pas soupçonner ses intentions, qu'à rendre hommage à on mérite comme administrateur des finances...

En flattant les idées populaires, M. Necker les exagéra toutes... Par un misérable motif d'économie, il s'opposa à placer les États généraux à distance et les fixa à Versailles...[121] »

Deux mois plus tard, Mallet du Pan écrivait encore à Mounier : « J'ai eu, sur le compte de Necker, des informations positives qui ne me permettent pas de douter qu'il n'ait voulu la Révolution à peu près dans toute l'étendue qu'on lui a donnée[122]. »

Mais ces lignes, envoyées à la fin de 1790, n'auraient certainement pas été écrite après les évènements de 1793 ; il est important d'en faire la remarque. ·

L'édit du 28 Novembre 1789 restitua aux protestants le droit de faire constater leur état-civil (naissances, mariages et décès), sans être obligés de déguiser leurs croyance ; un décret du 24 Décembre 1789 les rétablit dans tous leurs droits civils et les déclara admissibles à toutes les charges. Ils n'avaient donc plus de motifs sérieux pour combattre la monarchie ; mais ils furent sans doute bien aises de se venger sur les catholiques des longues vexations qu'ils avaient subies.

Le mot d'ordre de Mirabeau « Il faut décatholiciser la France », ne venait pas seulement des loges maçonniques, mais des protestants Gènevois selon toute probabilité ; or, la question religieuse fut incontestablement le véritable motif de guerre de Vendée et de Bretagne. Le population de l'Ouest auraient

---

[121] *Lettre à Mounier.* 14 Octobre 1790.

[122] 4 décembre 1790.

parfaitement accepté la République sans les persécution dirigée contre leur prêtres.

C'est encore la constitution civile du clergé qui brouilla Louis XVI avec les révolutionnaires ; ce souverain libéral, animé de bonnes intention, consentait à toutes les réformes demandées par l'opinion publique, mais il était profondément religieux ; du jour où les réformateurs voulurent proscrire les prêtres insermentés, Louis XVI se tourna vers les contre-révolutionnaire. Or, ce mouvement anticlérical était soutenu par les protestants.

C'est en grande partie à Mirabeau que l'on doit la confiscation des biens du clergé ; il obéissait aux instructions de son comité Gènevois.

La presse anglaise faisait en même temps une campagne anticatholique. Barthélemy envoyait de Londres des articles où l'on exposait la difficulté d'établir la liberté en France sans remplacer le papisme par le protestantisme [123]. « Le parti protestant, ajoutait-on, a beaucoup de partisans dans l'Assemblée nationale[124]. »

En 1790, le nombre des temples et de pas- leurs augmente rapidement grâce à des sommes reçues de Genève et de Hollande[125]. L'alliance des protestants avec la franc-maçonnerie leur permit de continuer l'exercice de leur culte pendant la Terreur, tandis que les prêtre catholiques étaient emprisonnés et

---

[123] D'après M. Bonald « on ne demande les lois politiques de l'Angleterre que pour en venir à la religion Anglicane. » (*Considérations sur la Révolution*, p. 74.)

[124] Archives des affaires étrangères. Londres, v. 570.

[125] Durand. *Histoire du protestantisme.*

guillotinés[126].

Un pasteur, Rabaul St-Etienne, qui avait fait ses études à Genève et à Lausanne, fut nommé président de l'assemblée nationale en Mars 1790. Il déclarait alors à Mme Stuart : « Dans moins de deux ans notre religion dominera généralement. » Rabaul est le principal auteur des troubles de Nîmes.

Plusieurs de ses. coreligionnaires jouèrent comme lui un rôle important dans la Révolution, Boissy d'Anglas, Jay, Cavaignac, Billaud-Varennes, Alquier, Julien (de Toulouse), Collot d'Herbais, Bernard, Lombard Lachaux, Jean Bon St-André, Dentzel, Grimmer, etc. Dix pasteurs siégeaient à la Convention[127].

Le rôle joué par le protestant Barnave est bien connu.

Moyse Bayle, dont le prénom ferait présumer une origine sémitique, appartenait à la religion protestante ; né à Genève, il fut député de Marseille, président de la Convention, et membre du comité de sûreté générale de Septembre 1793 à Septembre 1794. Décrété d'arrestation l'année suivante, Moyse Bayle fut amnistié et entra dans la police.

Les protestants étrangers ont dans la Révolution un rôle encore plus important que leurs coreligionnaires français.

Les protestants Gènevois, étant à la tête de la finance, devaient nécessairement profiter, comme les Israélites, des mouvements de Bourse, occasionnés par la Révolution.

On croit généralement que la spéculation à la Bourse est de

---

[126] Aulard : *Études et leçons sur la Révolution*.

[127] Ernest Renauld. *Le péril protestant.* Aulard. *Histoire politique de la Révolution*, p. 321.

naissance toute récente. Ce qui est récent c'est l'augmentation prodigieuse du nombre des valeurs mobilières ; sous Louis XVI on spéculait seulement sur quatre ou cinq valeurs, les eaux de Paris, les assurances, les actions de la Mer Rouge, etc., mais leurs différences étaient assez sensibles pour rendre les affaires intéressantes. Pendant la Révolution on jouait aussi beaucoup sur les terrains et sur toute les denrées. Bidermann réussissait surtout les spéculations sur les grains. Quels bénéfices ne réalisait-on pas enfin sur le change ! Mille francs d'or valaient à certains moments vingt-cinq mille francs en assignats, puis quelques jours plus tard en représentait seulement cinq mille. Lefebvre d'Acy écrivait le 7 Février 1792 : « l'argent est à 55% » ; le 10 Mars suivant « l'argent est à 80%[128]. »

Un jour le louis vaut 200 livres à 11 heures, 250 à midi, puis 500[129]. Le 14 Octobre 1795, il monte à 1255 livres.

Quant aux actions de la compagnie des Indes, elles baissaient de moitié en quarante-huit heures. Les actions des pompes à feu passaient de 1.200 francs à 4.200 francs la même semaine[130].

Ces fluctuations avaient quelquefois des résultats imprévus : ainsi le 9 Janvier 1793, la baisse ayant été trop forte, une grêle de coups de canne tomba sur le dos des agents de change. Il est démontré par les aveux de Chabot lors de son procès, que le pouvoir occulte qui menait les évènements, offrait parfois des sommes importantes à quelques membres de la Convention pour faire des propositions susceptibles d'entraîner une panique financière. Le syndicat étranger qui avait annoncé d'avance la prise de la Bastille, la condamnation de Louis XVI, etc., a donc pu réaliser une magnifique différence en jouant à la baisse à coup sûr. On vit ainsi de grosses fortunes s'élever sur les ruines de la

---

[128] P. de Vaissière. *Lettre d'aristocrates.*

[129] Louis Blanc. *Histoire de la Révolution*, XII p. 116.

[130] D'Escherny. *Tableau historique de la Révolution.*

France. Aussi les *Nouvelles politiques* pouvaient elles se demander (le 26 Février 1795) : « La Révolution n'aurait-elle été qu'une spéculation de banquiers ? »

À la tête de la haute finance se trouvaient les Gènevois.

CHAPITRE V

LES SUISSES

À première vue, les évènements qui se sont déroulés de 1789 à 1794 en France semblent avoir été dirigés par les Suisses. D'ailleurs, Rousseau a souvent été appelé le père de la Révolution ; Necker l'a préparée ; des Gènevois occupent en 1793 le ministère des finances, le ministère de la guerre, la mairie de Paris et une foule d'emplois ; la Terreur est organisée par le suisse Marat.

Une grande figure bien française domine, il est vrai, les débuts de la Révolution, Mirabeau ; seulement il est l'instrument d'un syndicat genevois qui fait ses discours. Ce syndicat se compose d'Etienne Dumont, Duroveray, Clavière et le pasteur Salomon Reybaz[131], auxquels se joint quelquefois le financier Panchaud.

Rivarol comparait la tête de Mirabeau à une grosse éponge gonflée des idées d'autrui. Il serait néanmoins absurde de prétendre que Mirabeau n'avait pas suffisamment d'idées par lui-même, et n'était pas capable de faire ses discours ; si donc, il est tenu en tutelle par les Gènevois, il y a, à ce fait, une cause ignorée : peut-être Mirabeau était-il lié par des engagements pris dans les loges maçonniques et recevait-il le mot d'ordre de Genève pendant que d'autres personnages le prenaient à Londres.

---

[131] Voir à la Bibliothèque de Genève le Fonds Reybaz. (Manuscrits). On y trouve entre autres 59 lettres de Mirabeau à Reybaz.

Peut-être s'agit-il prosaïquement d'une question financière : Mirabeau faisait de fréquents emprunts aux banquiers suisses Jeanneret et Schweitzer ; comme il était toujours à court d'argent, les Gènevois le tenaient encore par ce moyen. Lorsque Mirabeau traita avec la cour, il remboursa partiellement Schweitzer qui en fut fort surpris[132].

Par une singulière contradiction, la monarchie française semble avoir été renversée par les Suisses, pendant que les plus fidèles défenseurs du roi, les Suisses, se font massacrer pour le défendre.

Mais le syndicat Genevois représentait une minorité turbulente à laquelle Necker, Mallet du Pan et les esprits modérés de leur pays étaient tout à fait hostiles. On se souvient du mouvement révolutionnaire qui éclata à Genève en 1782. Le ministre Vergennes, dont la haute intelligence n'a pas toujours été assez admirée, écrivait alors : « J'étudie les querelles des révolutionnaires de Genève, car il est à craindre que leurs écrits ne portent au dehors le fanatisme dont ils sont remplis. » C'était en effet, observe Mallet du Pan, la Révolution française qui se préparait à Genève en 1782[133].

Après les troubles de cette période, un club Helvétique fut fondé à Paris par Castella ; le Docteur Kolly en était le secrétaire. Voici comment ce club est apprécié par un fonctionnaire suisse, Muller[134] : « Cette société infâme fut composée de galériens, bandits et d'autres scélérats d'une nation dont on déshonorait le nom… Les cantons résolurent de solliciter la livraison de ces malfaiteurs, mais nos chers alliés, en place de nous correspondre selon les traités, continuèrent de protectionner cette troupe

---

[132] A. Stern. *Vie de Mirabeau.*

[133] *Mémoires de Mallet du Pan,* ch. 1 et 3. Sorel. *L'Europe et la Révolution Française,* p. 141 et 142.

[134] *Lettre de Barthélémy.* Archives des Affaires étrangères. Suisse, v. 428.

indigne. » Castella avait en effet été condamné en Suisse à être écartelé. Marat, Duport et Menou se firent affilier au club Suisse. Sillery et Barnave lui promirent leur protection. Ce club qui faisait de fréquents appels à la bourse de Schweitzer, porta successivement les noms de Club Helvétique et de Société Helvétique ; il siégea rue du Regard, rue Ste-Marguerite, rue du Sépulcre et dans une salle de l'abbaye de St-Germain de Prés, concédée par le district de ce nom.

En 1792, le Club Helvétique devient le Club des patriotes étrangers, appelé aussi Club des nation étrangères amies de la Constitution. Au 10 Août il change encore de nom et devient le Club des Allobroges[135] ; l'un de ses membres les plus actifs est le Docteur Doppet qui introduit dans l'association quelques Savoyards comme le Docteur Dessaix, le notaire Frezier, le procureur Souviran, le poète Michel Chastel, l'avocat Turinaz, le chirurgien Magnin, Ganem, Bussat, etc.

Les membres du Club Helvétique ne cessaient de distribuer des brochures séditieuses aux soldats. Un décret fut rendu le 19 Septembre 1790, pour faire cesser leurs agissements, mais ils paraissent avoir continué en secret.

Les inspirateurs de Mirabeau appartenaient à un milieu plus éclairé et plus cultivé. Qu'était-ce en somme que ce syndicat ? Le dossier Duroveray aux archives nationales[136] nous répond : Duroveray, Clavière, Étienne Dumont et Divernois furent exilés de Genève en 1782 quand les armées françaises et suisse y rétablirent l'ordre. Clavière se fixa en France ; Duroveray, Divernois et Dumont passèrent à Londres, emportant avec eux le désir de se venger de la nation française autant qu'ils le pourraient. Il se mirent en relation à Londres avec toutes les personnes qui étaient le plus en état de servir leurs projets de

---

[135] Mathiez. *La Révolution et les étrangers*, p. 33 et suiv.

[136] F. 7, 6468.

vengeance. »

Duroveray, procureur général à Genève, avait été destitué sur la demande de Vergenne. « Âgé de trente-cinq ans, dit le signalement de la police, il ne les paraît pas. » C'est un homme actif et intelligent. À la fin du règne de Louis XVI, il se fait naturaliser Irlandais. Il assiste aux séances des États généraux ; quelques députés protestent contre la présence « d'un pensionnaire du gouvernement anglais qui prend part aux délibérations et envoie des notes et des observation aux député[137]. » — En effet, Duroveray touchait une pension de trois cents louis du ministère anglais. — Mirabeau déclare que cet homme est un martyr de la liberté, Duroveray, auquel M. de Vergennes a fait perdre sa situation à Genève. « Applaudissements nombreux. Duroveray· est entouré de députés qui viennent à lui. »

Après le 10 Août, on offre à Duroveray le ministère de la justice, qu'il refuse, puis il se fait attacher à l'ambassade de France à Londres. Bonnecarrère, chargé d'affaires, fait observer qu'il est dangereux de confier à un étranger les secrets de notre diplomatie. Lebrun Tondu répond : « Duroveray a été attaché malgré moi à l'ambassade de Londres, par la protection de Brissot, Clavière et Roland, quoiqu'il fût bien reconnu pensionnaire de l'Angleterre. »

Il ajoute que la mission de Duroveray lui sera retirée le mois prochain[138].

Des plainte s'étant accumulées contre Duroveray, Lebrun se décida à le rappeler le 19 Octobre. De retour à Paris, Duroveray finit par être dénoncé comme agent du gouvernement anglais. Un procès-verbal de police relate que le 4 Mai 1793, à minuit et

---

[137] *Archives des Affaires étrangères,* Londres. v. 582.

[138] *Archives des Affaires étrangères,* Londres. v. 582.

demi, Duroveray fut invité à donner communication de a correspondance avec l'Angleterre. « Ce citoyen, disent les agents chargé de son arrestation, nous a représenté plusieurs paquets, qui nous a déclaré contenir ladite correspondance laquelle paraît être depuis l'année 1789 jusqu'à la présente. » Les scellés y furent apposés. Le 30 Juillet, le comité de surveillance considérant que « dans lesdits papiers il y en a de caractères sténographiques et d'anglais (a-t-on dit), que le comité n'a aucune connaissance en ces sortes de caractères et langues, arrête que la boette, le porte-feuille et les paquets seront portés au comité de salut public[139]. »

Puis le silence se fait sur les papiers en question qui ne se trouvent plus aux Archives nationales.

Etienne Dumont, pasteur Gènevois contemporain et ami de Duroveray « a beaucoup d'esprit, parle bien et avec réserve[140]. » Très apprécié à Londres par Fox, Lord Holland, etc., Dumont touche une pension de trois cents louis de Lord Lansdowne[141].

Présenté à Mirabeau en 1788 par Sir Samuel Romilly, il se fixe à Paris l'année suivante, inspire les discours de Mirabeau en prenant parfois les conseils de Lord Elgin[142]. En 1791, Dumont demeure chez Bidermann où fréquentent Reybaz, Clavière et Brissot. Il collabore au journal *Le Républicain*. Les papiers de Barthélemy établissent qu'Etienne Dumont et Duroveray sont parmi les plus actifs agents de Pitt à Paris[143].

---

[139] *Archives nationales*. F. 7., 4696.

[140] *Archives nationales*. F. 7., 6468.

[141] Lettre de Mme Reybaz à son frère (*La vie et les conspirations de Jean de Batz, par le baron de Batz.*)

[142] *Mémoires d'Etienne Dumont.*

[143] *Lettre de Jeanneret à Deforgues, 19 février, 1794.*

Divernois (ou d'Ivernois), expulsé de Genève avec Duroveray, Dumont et Clavière, est comme eux pensionné par l'Angleterre. « De quelque années plus jeune que ses amis, mince, marchant la tête en avant, Divernois n'offre rien de distingué dans l'ensemble de son physique ; en revanche très aimable dans la société, beaucoup d'esprit, parle avec aisance, écrit bien, avec énergie et facilité[144]. »

La correspondance secrète de la cour de Berlin[145] indique Divernois comme étant l'un des principaux agents de Pitt. En revanche, il n'approuva jamais les cruautés révolutionnaires, et sauva la vie au général de Montesquiou.

Condamné par contumace pendant la Terreur, Divernois se fixa en Angleterre et se fit naturaliser Irlandais. En 1814, il redevint Gènevois et fut nommé conseiller d'État.

Clavière était « inséparable avec Dumont et Duroveray », disent les rapport au comité de Salut public. Notre chapitre sur les israélites explique le rôle politique de Clavière.

Le pasteur Salomon Reybaz faisait une grande partie des discours, de Mirabeau, au début de la Révolution. Il était pensionné par l'Angleterre[146]. Pendant la Terreur, il passe inaperçu ; on le retrouve sous le Directoire, ministre de Suisse en France.

Reybaz est invité, le 29 Novembre 1796, à quitter Paris dans les vingt-quatre heures. La seule réflexion que l'on puisse lire à ce propos dans les journaux, c'est que « ce Gènevois n'excite ni

---

[144] *Archives nationales*, f. 7., 6468.

[145] Karmin. *Documents relatifs à la correspondance secrète avec la cour de Berlin*.

[146] *Mémoires* de *Soulavie*. Manuscrits de Reybaz à Genève. *Histoire* de *la contre-révolution* (baron de Batz).

la curiosité ni l'intérêt des citoyens[147]. »

Ainsi tout le groupe Gènevois, dont le rôle fut si important dans notre Révolution, n'était qu'un instrument du gouvernement anglais.

Pache est une singulière figure de révolutionnaire : de mœurs paisibles et patriarcales, ce fils de concierges est le modèle des employés de ministère. Chaque matin il arrive à pied de la banlieue avec un petit pain dans sa poche et travaille toute la journée. Introduit par Necker au contrôle des finances, il se lie avec le richissime Anacharsis Cloots, avec Chabot, Hassenfralz et les Jacobins les plus exaltés. Il représente la section du Luxembourg le 3 Août 1792, pour la pétition réclamant la déchéance du roi. *Papa Pache,* comme on l'appelle, fraternise avec les massacreurs de Septembre[148] ; il se fait donner le ministère de la guerre par la protection de Roland dont il est devenu le factotum indispensable, puis il s'acharne à perdre son bienfaiteur et les Girondins. Il déploie beaucoup d'intelligence et d'activité en désorganisant la défense nationale et en préparant la défaite des armées françaises. À la fin, comme « tous les généraux, tous les commissaires de la Convention, accusaient Pache à la fois[149] », on lui retire son portefeuille. La Réveillère Lépeaux appelle Pache le plus grand des dilapidateurs de la fortune publique : en trois mois de ministère, il laissa cent soixante millions sans justification ; Barère déclara qu'en présence de l'impossibilité de débrouiller les comptes de Pache, mieux valait passer l'éponge[150].

La réputation douteuse de Pache ne l'empêche pas d'être nommé maire de Paris ; il signe en celle qualité le procès-verbal

---

[147] Aulard. *Paris sous la réaction Thermidorienne*. T. III, p. 598.

[148] G. Lenôtre. *Veilles maisons, vieux papiers*. t. I, p. 264.

[149] Chuquet. *Dumouriez.*

[150] Sybel. *Histoire de l'Europe*, t. II, p. 113.

qui doit faire tomber la tête de Marie-Antoinette. Il fait guillotiner Dillon et livre les canon à la Commune de Paris pendant la Terreur. Chaque soir il envoie sa femme, sa fille et sa sœur à la caserne des fédérés afin de les exciter contre les Girondins[151].

Cambon croît qu'au moment de l'insurrection du 31 Mai, Pache était soudoyé par les contre-révolutionnaires : le mouvement aurait été « préparé par Robespierre, Pache et Danton pour rétablir le petit Capet sur le trône[152] » D'autre part, comme Pache se figurait parvenir à la dictature, il a pu favoriser toutes les émeutes avec l'espoir d'en profiter. Au printemps de 1794, les Cordeliers complotaient de mettre Pache à la tête d'un nouveau gouvernement. Hébert était de cet avis.

Les rapports du ministère de l'Intérieur signalent Pache comme un agent de Pitt et ajoutent : « On prétend que s'il n'avait pas été incarcéré, il aurait empêché l'établissement de la nouvelle constitution (20 Novembre 1795)[153]. »

Poursuivi plusieurs fois, arrêté en même temps qu'Hébert, Pache échappa à la guillotine, sans doute grâce à la puissance du syndicat international. Lorsque la Révolution est terminée, Pache se retire après fortune faite, dans une ancienne abbaye achetée à vil prix, dont il a fait un magnifique domaine ; il y vit tranquillement, n'ayant plus de relations avec ses anciens amis, ne lisant même plus les journaux ; au lieu de s'occuper de politique, Pache herborise et fait du jardinage.

Son fils renia ses opinions et changea de nom[154]. Son gendre,

---

[151] Sybel. *Histoire de l'Europe*, t. II, p. 32.

[152] A. Lanne. *Le mystère de Quiberon*.

[153] Tureau Dangin, *Royalistes et Républicains*. Aulard. *Paris sous la réaction Thermidorienne*, t. II, p. 411.

[154] Lenôtre. *Vieilles maisons, Vieux papiers*, t. I, p. 272.

Xavier Andouin, était membre de la Commune de Paris et ordonnateur des guerres ; c'est lui qui réclama un jour à l'Assemblée législative, de la part du club des Jacobins, une loi pour abréger la procédure afin de supprimer la défense des accusés.

Pache semble avoir été l'employé consciencieux et travailleur du pouvoir occulte qui dirigeait les évènements. C'était d'ailleurs l'opinion de Robespierre qui ne put jamais le prendre sur le fait.

On a attribué à Marat plusieurs nationalité, et même la nationalité Française[155]. Mais, d'après les actes de l'état civil, le père de Marat était de Cagliari en Sardaigne, et devint Suisse après avoir épousé une Gènevoise.

L'ami du peuple naquit en Suisse, exerça la médecine à Newcastle et à Londres, de 1769 à 1777, se fit affilier à la franc-maçonnerie, puis devint médecin des gardes du Comte d'Artois ; ses violentes attaques contre Necker, le firent poursuivre en 1790. Il retourna en Angleterre pour en revenir dès que l'anarchie fut établie à Paris. Le reste de son histoire est suffisamment connu. Remarquons simplement à propos de Marat, que la plupart des violences et des cruautés de l'époque révolutionnaire sont dues à des étrangers.

L'ami du peuple semble avoir été un agent de Philippe Égalité ; d'après quelques auteurs il était payé directement par l'Angleterre. Marat et Pitt avaient dit-on des rendez-vous à Londres dans une petite salle d'une taverne (en 1792)[156].

Il est permis de s'étonner de la place occupée par Marat dans

---

[155] M. R. Poidebard nous signale une tradition Lyonnaise d'après laquelle la famille Marat serait de Chuyer dans le Rhône. M. Chèvremont lui attribue une origine Espagnole.

[156] Voir Despatys. *La Révolution, la Terreur, le Directoire*, p. 49.

l'histoire : on ne peut sérieusement prétendre qu'il ait eu du talent soit comme écrivain soit comme orateur. Il était généralement antipathique et d'après Taine, il était atteint d'un genre de folie bien connu des aliénistes, le délire ambitieux.

Hulin (ou Hullin) d'origine suisse, était directeur de la buanderie de La Briche, près St-Denis ; il s'engagea en 1789 dans les Gardes Françaises et figura parmi les vainqueurs de la Bastille. Dès lors il déclara qu'il était un héros ; un mémoire où Hutin el Maillard racontent à l'Assemblée leurs exploits contient cette phrase : « S'il est permis de se louer, les soussignés le feront sans doute, mais avec cette modestie qui peint si bien le caractère des vrais héros »[157].

Hulin forma la compagnie des volontaires de la Bastille dont il s'improvisa commandant. Des plaintes ne tardèrent pas à s'élever contre sa gestion ; en outre Marat l'accusa d'être à la tête de bandits chassés des bataillons parisien[158] ; et un groupe de vainqueurs de la Bastille le dénonce comme « mouchard de la police »[159].

Hulin après avoir commandé la garde-nationale au moment des journées d'octobre, se signala au 10 Août. Lorsque la garde nationale fut dissoute, il fut nommé capitaine à l'armée du Nord. Arrêté sous la Terreur il échappe à la guillotine ; on le retrouve président du conseil de guerre qui condamne le duc d'Enghien, puis général sous l'empire. Hulin reçoit du conspirateur Malet un coup de pistolet qui lui casse la mâchoire, mais il guérit. Sous la restauration il offrit ses services à Louis XVIII qui les refusa.

Un grand nombre de Suisses jouent dans la Révolution un rôle effacé : Necker avait été amené au pouvoir en grande partie par

---

[157] *Actes de la Commune de Paris*, t. I, p. 156.

[158] *Actes de la Commune de Paris*, t. I, p. 156.

[159] Buchez et Roux. *Histoire parlementaire*, t. VIII, p. 277.

l'influence de Masson de Pezay dont le père était Gènevois. Pezay était l'amant de la princesse de Montbarey qui menait Mme de Maurepas ; celle-ci menait son mari, qui menait le roi. Aussi Maurepas prétendait-il que le véritable roi de France c'était Pezay. Le rappel des parlement avait été du à son influence.

Christin, secrétaire au ministère des finances, était plutôt contre-révolutionnaire, tandis que Finguerlin était membre de la Commune de Lyon et du directoire du département.

La Harpe, qui appelait Voltaire « papa », était né à Paris de parents Suisses. Il séduisit la fille d'un limonadier, l'épousa, puis divorça et se remaria à cinquante-huit ans avec une jeune fille de vingt-trois ans. Il devint en 1776 membre de l'Académie Française.

Représentant de la Commune pour le-district de St-Germain des Près, il ne cesse de vanter la Révolution dans ses cours et ses ouvrages, écrit des articles violents dans le *Mercure de France,* et ne change d'opinion ni après les massacres, ni après la mort de Louis XVI. Mais il est arrêté au mois d'Avril 1794, et ses compagnons de prison, les évêques de St-Brieuc et de Montauban le convertissent[160]. D'après Mallet du Pan, une femme inconnue aurait fait lire à la Harpe l'Imitation de Jésus-Christ, pendant a captivité, et ce serait la véritable raison de sa conversion[161]. Quoi qu'il en soit, l'ancien Voltairien devenu clérical prit la Révolution « dans une aversion égale à l'amour qu'il lui avait porté »[162].

Le Directoire décréta son arrestation pour la seconde fois en 1796 ; rédacteur au *Mémorial,* La Harpe fut compromis dans l'agitation royaliste, acquitté puis encore condamné à la

---

[160] Ste-Beuve. *Lundis.* Tome V.
[161] Mallet du Pan, *Mémoires*, p. 459.
[162] Arnault. *Souvenir d'un sexagénaire.*

déportation[163] ; il réussit à se cacher du 18 Fructidor au 18 Brumaire. La police l'oublia et il mourut en 1803, laissant un certain nombre d'ouvrages célèbres.

Un autre Gènevois, ami de Voltaire, Pictet, se fixe à Paris une dizaine d'année avant la Révolution, trouve une situation grâce à Necker et fréquente le salon de Mme Roland ; c'est l'un des fondateurs de la société des amis des noirs. Mais pendant la Terreur il change de camp, et les papiers de Barthélemy signalent Pictet et Mallet du Pan comme se remuant beaucoup avec l'aide des Anglais contre la Convention.

Mallet du Pan, eut toujours une attitude modérée et sage, blâmant les excès révolutionnaires, et dénonçant l'existence d'un pouvoir occulte, sans parler cependant de l'organisation maçonnique. Il écrivait au roi de Prusse à propos des clubs révolutionnaires : « Toutes ces sociétés sont, sans s'en douter, dominées par l'influence secrète d'une assemblée plus intime composée de la quintessence de toutes les autres assemblées :... Cette assemblée secrète est composé d'un comité central résidant à Paris, correspondant avec d'autres comités centraux...

Le Jacobinisme est allié aux presbytériens d'Angleterre, aux Illuminés d'Allemagne, etc. »[164].

Mallet du Pan rédigeait avant la Révolution le *Journal historique et politique* de Genève qui fut réuni au *Mercure de France ;* il y défendait les idées des monarchistes constitutionnels. Louis XVI lui confia une mission secrète auprès des coalisés. De retour à Genève après la chute de la royauté, il entretint une correspondance active en faveur des monarchistes. Il mourut en 1800 à Londres, après avoir écrit plusieurs ouvrages

---

[163] *Recueil des actes du Directoire exécutif.* T. I.

[164] F. Descostes. *La Révolution Française vue de l'étranger.*

de valeur.

Dans le camp opposé se trouvait Virchaud (de Neufchâtel) secrétaire du club de Cordeliers ; c'est lui qui remit à l'Assemblée la pétition du 15 juillet 1791 contre la royauté[165]. Le bruit courait alors que les pétitionnaire étaient soudoyés par les gouvernement étrangers.

Gaspard Schweitzer (de Zurich), neveu de Lavater, semble avoir été un brave homme exploité par le syndicat international. Affilié aux Illuminés, il se fixe à Paris dès le début de la Révolution ; introduit par Mirabeau aux Jacobins, il se lie avec Barnave, Robespierre, Bergasse, etc., il se laisse duper et ruiner par les révolutionnaires qui ne cessent de recourir à sa bourse. Mirabeau, tout en lui empruntant des sommes considérables, faisait la cour à Mme Schweitzer, qui passe pour l'avoir éconduit.

En 1794, le comité de Salut public charge Schweitzer d'aller vendre en Amérique les principales richesses des châteaux royaux, et de réclamer trente millions prêtés par Louis XVI aux Etats-Unis Schweitzer enchanté voit là une occasion de refaire sa fortune. Malheureusement on lui adjoint un aventurier nommé Swan qui le vole. Il revient en Europe et termine péniblement son existence dans la gêne[166].

Niquille, agent de la commune de Paris, devint inspecteur général de la police après le 18 Brumaire. Arrêté malgré Barras à la suite de l'explosion du 2 Nivôse, il fut déporté à Madagascar.

Panchaud, après avoir été banquier à Londres, fut nommé directeur de la caisse d'Escompte de Paris. Quoique il ait fait partie du groupe dirigeant Mirabeau, il semble plus occupé de

---

[165] Aulard. *Histoire politique de la Révolution Française,* p. 148 et suiv.

[166] Barbey. *Les Suisses hors de Suisse.*

finances que de politique.

M. Gustave Bord attribue la mort de Foullon à des influences Gènevoises et Suédoises, sans préciser les noms.

Le pasteur Frossard (de Nyon) était directeur honoraire de la faculté d'Oxford, membre des sociétés des agriculteurs de Bath et de Manchester. Young descend chez lui à Paris parce qu'il le considère presque comme un compatriote ; lié avec Brissot et Roland, Frossard est nommé après la fuite de Varennes membre du comité permanent Jacobin constitué à Lyon, puis membre du conseil général, et procureur général syndic. Reçu aux Jacobin de Clermont, il inaugure le culte protestant dans l'église des Carmes. Il est à Lyon à la fin de 1793 puis on perd sa trace et on le retrouve en 1802 membre du consistoire de Paris[167].

M. G. Bord[168] a fait remarquer l'attitude étrange du colonel d'Affry, qui après s'être déclaré malade au moment de l'affaire Réveillon, a refusé le 10 Août de transmettre aux Suisses l'ordre de tirer sur les émeutiers qui les attaquaient[169]. D'Affry appartenait à la franc-maçonnerie.

En résumé un groupe de Suisses a joué un rôle important dans la Révolution, mais il ne représentait ni la politique du gouvernement Helvétique, ni les idées de la majorité de son pays. Plusieurs d'entre eux étaient pensionnés par l'Angleterre ; d'autres subissaient l'influence Britannique. Napoléon Ier attribuait d'ailleurs en 1802 aux menées Anglaises l'insurrection de Genève.

Comme les francs-maçons, les Juifs et les protestants, les Suisses ont été un instrument de démolition dirigé par un pouvoir

---

[167] *Correspondance de Mme Roland,* p. 726.

[168] *La conspiration révolutionnaire de 1789.* G. Bord.

[169] Voir le *Moniteur* du 30 Août 1792, p. 553.

occulte. L'opinion de Soulavie, résident de France à Genève, est que « Les Dumont, Duroveray, Clavière et autre aventuriers, étaient les suppôts d'un comité Anglais[170]. »

---

[170] *Mémoire de Soulavie.* V. VI, p. 409.

CHAPITRE VI

L'INVASION ÉTRANGÈRE EN 1789

Au début de la Révolution « des Anglais, des Italiens, des banquiers, s'introduisent dans les assemblées du peuple, s'insinuent dans les anti-chambres des ministres. Ils épient tout, ils se glissent dans les sociétés populaires. Bientôt on les voit liés avec les magistrats qui les protègent »[171]. D'après Loustalot et Thureau Dangin, il y a à Paris 40.000 étrangers sans domicile fixe et sans métier déterminé[172]. Bezenval raconte que l'aspect de ces homme, « la plupart déguenillés, armés de grands bâtons, suffisait pour faire juger ce que l'on devait en craindre ». Ce sera l'armée employée par le syndicat révolutionnaire ; on y joindra les milliers de vagabonds, voleurs et déclassés qui se réjouissent toujours des périodes de troubles. « Par un triage soigné on formera un corps de janissaires à triple solde »[173], qui exécutera toutes les émeutes commandées par le pouvoir occulte. Les agent du duc d'Orléans paraissent avoir été chargés de la paie de cette armée révolutionnaire. D'après les mémoires de Mallet du Pan[174], la paie se monte au

---

[171] *Archives nationales* AD[1] 108. Rapport à la Convention sur les factions de l'étranger.

[172] Thureau Dangin, *Royalistes et Républicains*.

[173] TAINE. *La Révolution Française*.

[174] *Mémoires de Mallet du Pan*, t. II, p. 52.

triple de celle des troupes régulières.

Marat reconnaît dans *l'Ami du peuple*[175], que les vainqueurs de la Bastille sont pour la plupart Allemands. La troupe du général Henriot, ancien domestique plusieurs fois chassé pour vol, se composait surtout d'Allemands qui ne comprenaient même pas le Français. M. de Montmorin a affirmé que « presque tous ceux qui ont forcé les portes des Tuileries le 21 Juin étaient des étrangers »[176].

Il est à remarquer à propos de cette célèbre émeute que deux des spectateurs, qui étaient parmi les plus intelligents, lui assignent la date du 21 et non du 20. Les mémoires du général Dumouriez sont d'accord sur ce sujet avec le mémorial de Ste-Hélène (L. 1, p. 106). C'est l'un des rares points sur lesquels ces deux ennemis mortels (Napoléon et Dumouriez) soient du même avis.

Lorsque la veille du 10 Août, les ministres déclarent que le roi ne consentira jamais à faire tirer sur son peuple, Lameth leur répond : Le peuple est-il dans un ramassis d'étrangers sans patrie que depuis six mois on appelle dans Paris ?[177].

Le fait était si peu niable que le directoire du département de la Seine répondait officiellement à une circulaire du ministre Roland : « Nous n'avons pas été chercher l'opinion du peuple au milieu de ces rassemblements d'hommes la plupart étrangers »[178].

Schmidt Weissenfels parle aussi dans son volume sur Frédéric

---

[175] N° 50.

[176] G. MALET. *Vainqueurs de la Bastille et vainqueur du 10 Août. Intermédiaire des chercheurs* 10 Février 1913.

[177] *Mémoires de Lameth*, p. 156.

[178] TAINE. *La conquête Jacobine*.

Gentz, du flot d'aventuriers qui s'abat alors sur la France, arrivant des bords du Tibre comme des bords de la Sprée.

Pour commander ces troupes il n'était pas impossible de trouver des officiers Français révolutionnaires ; mais ils ne semblèrent pas assez dénués de scrupules, et les conspirateurs firent choix d'un Polonais, Lazowski, engagé dans l'armée Française, qui avait été condamné à mort pour avoir frappé un de ses supérieurs. Grâcié par Louis XVI, il n'en resta pas moins l'ennemi de la royauté. Capitaine d'artillerie au début des évènements de 1789, il est nommé membre du comité révolutionnaire, section du Finistère[179]. Après avoir organisé les premiers troubles, il est choisi le 16 Juin 1792, avec quelques citoyens obscurs, pour aller à l'Hôtel de Ville annoncer l'intention des faubourgs de se lever en masse. Il propose alors au conseil de la Commune que les manifestant soient armés « par précaution et pour en imposer aux mal intentionnés ». Lazowski dirige les émeutiers le 20 Juin et le 10 Août, s'exposant au feu pendant que les inspirateur du mouvement se cachent. Il fait mettre à mort sans jugement les prisonniers d'Orléans avec l'aide de Fournier l'Américain, dirige les massacres de Versailles, complote avec Desfieux et Varlet l'assassinat des principaux députés de la droite, et propose aux Cordeliers la proscription des Girondins.

Il se livre à de tels excès de boisson, qu'il meurt alcoolique le. 21 Avril 1793. Deux mois auparavant il avait été poursuivi pour avoir organisé des troubles à Amiens. Or le livre d'écrou de la prison de cette ville établit que Joseph-Félix Lazowski est mis sou le verrous le 1er Février 1794[180]. Il était mort depuis dix mois. L'explication reste à trouver.

Peut-être s'agit-il de son frère, précepteur des fils du duc de

---

[179] *Archives nationales*, F. 7, 2517.

[180] Darsy. *Amiens pendant la Révolution*.

Liancourt, dévoué à la cause royaliste. Lacretelle disait que Lazowski « gémit de la triste célébrité attaché par son frère à son nom[181]. » Il y aurait alors une erreur de prénoms dans les registres d'Amiens.

On fit au grand homme des funérailles nationales. Le club des Jacobins décida que le buste de Lazowski serait placé à côté de celui de Brutus, au-dessus du fauteuil du président. La réputation de Lazowski était plutôt médiocre ; son oraison funèbre contient celte phrase : « Aux services rendus par Lazowski à la Révolution, en vain opposerait-on des reproches de concussion, fondés peut-être, et d'autres délits trop familiers aux hommes de grand caractère. »

Mais Robespierre déclare qu'il pleure « sur la perte immense que la République vient de faire et qui absorbe toutes les facultés de son âme[182]. »

En Alsace, le complot révolutionnaire a pour agent principal un moine allemand défroqué, Euloge Schneider. Professeur à Bonn en 1789, il vient sans motif connu s'établir à Strasbourg et se fait remarquer par sa violence au club des Jacobins. Nommé aussitôt juge, puis accusateur au tribunal révolutionnaire, il organise la Terreur, prélève sur toute la ville des amendes formidables, met deux mille personnes en prison et les fait traiter avec plus ou moins de rigueur suivant ce qu'elles lui versent[183]. Il parcourt toute l'Alsace, traînant à sa remorque son tribunal et sa guillotine, abuse des femmes en les terrorisant.

Tant qu'il se contente de voler, violer et guillotiner, les commissaires de la Convention le laissent faire, mais n'a-t-il pas un jour l'idée d'entrer à Strasbourg dans un carrosse attelé de six

---

[181] De Lacretelle. *Dix ans d'épreuves*, p. 67 et suiv.

[182] E. Biré. *Journal d'un bourgeois de Paris*, t. II p. 339 et suiv.

[183] Sybel. *Histoire de l'Europe*, t. II, p. 347.

chevaux ! Cette fois l'égalité démocratique était menacée ; St-Just et Lebas rendent l'arrêté suivant : « Les représentants du peuple, informés que Schneider s'est présenté dans Strasbourg avec un faste insolent, traîné par six chevaux, environné de gardes le sabre nu, arrêtent que ledit Schneider sera exposé demain de 10 heures à 2 heures sur l'échafaud, pour expier l'insulte aux mœurs de la République et sera ensuite conduit au comité de salut Public. »

Schneider fut en effet envoyé à Paris, condamné à mort le 11 Germinal an II, et exécuté.

Desfieux (ou Deffieux) est dépeint dans les mémoires de Meillan comme un « coquin, voleur, banqueroutier frauduleux, mais bon patriote. » Pourquoi ce bon patriote, qui était belge, tenait-il tant à renverser Louis XVI au lieu de continuer à Bordeaux le commerce de vins qu'il y exerçait en 1789 ?

Comment s'est-il lié avec le comte Proly, Pereyra et Dubuisson ? Autant de mystères.

Voici comment il raconte lui-même ses débuts dans la vie politique, sans expliquer les motifs qui le font agir[184] :

« ... Le 12 Juillet, j'apportai la nouvelle du renvoi de Necker au Palais Royal et j'y excitai aussitôt à s'armer contre la Cour... Le 13, je fus un des premiers à me rendre à l'église des Petits Pères. J'y donnai le mode d'enrôlement pour former la garde nationale ; ce mode fut adopté.

Le 14, je me trouvai à la Bastille et partout où un patriote devait se trouver...

Des affaires m'appelèrent à Bordeaux. J'y prêchai la

---

[184] *Archives nationales*, F. 7, 4672.

Révolution, j'y formai une société populaire connue sous le nom de Club du café national.... Je partis sur l'invitation de la municipalité de Toulouse pour y établir une société populaire... Ma réputation de patriote me fit admettre à la société des Jacobins.... Je fus un des premiers à dénoncer les Brissotins, les Rolandins, les Girondins... »

Au mois d'Août 1790, on arrête un colporteur vendant des brochures antimilitaristes ; l'enquête prouve qu'il était chargé de cette mission par Desfieux, récemment installé à Paris. L'année suivante, Desfieux est nommé trésorier des Jacobins, puis juré au tribunal révolutionnaire, président du comité de correspondance du club des Jacobins et membre du comité révolutionnaire.

Le ministre de la guerre Bouchotte lui confie une mission en Suisse. De retour à Paris,, il appuie les propositions les plus avancées et critique les lenteurs du tribunal révolutionnaire.

Desfieux est en Janvier 1793, vice-président de la société des Amis de la liberté, qui se déclare en permanence jusqu'à l'exécution du tyran et envoie une délégation pour inviter la Commune à redoubler de surveillance[185]. Mais en même temps, Desfieux est agent secret du Baron de Balz qui veut tenter de sauver le roi[186].

Au printemps de 1793, Desfieux, membre du comité d'insurrection, établit chez lui, rue des Filles St-Thomas, un bureau où il trafique des places. Il se charge aussi d'agir sur Collot d'Herbois moyennant un honnête courtage. Il fut convaincu d'avoir reçu de l'argent de Lebrun Tondu pour intercepter les dépêches des Jacobins, on ne sait dans quel but. Tantôt il faisait simplement disparaître leur correspondance ; tantôt il la remplaçait par de fausses dépêches ; les courriers

---

[185] Beauchesne. *Histoire de Louis XVII.*

[186] *Archives nationales*, F. 7, 4672.

étaient largement payés pour s'y prêter[187].

Ce personnage énigmatique était propriétaire de la maison où habitait Proly et l'un de ses domestiques ou employés fut gardien des scellés au moment de l'arrestation du fils de Kaunitz[188]. Mis sous les verrous presque en même temps que Proly, Desfieux réussit à sortir de prison le 25 Frimaire et réclama la levée des scellés apposés chez lui. Or, il se trouva que les scellés avaient été brisés par une main inconnue et les papiers compromettants avaient disparu.

Finalement, Desfieux fut condamné à mort en même temps que ses amis Pereyra et Proly.

L'une de ses concitoyennes, la fille Terwagne, plus connue ou le nom de Théroigne de Méricourt, était née en Belgique à l'instant, disent les chroniqueurs du temps, « où Vénus entrait en conjonction avec Mercure. » On aurait pu voir là un dangereux présage. Elle tourna mal fort jeune, devint la maîtresse d'un colonel autrichien et, dit-on, du roi d'Angleterre ; on a publié de fausses lettres de Théroigne à ce souverain. Après diverses aventures qui se terminèrent par une condamnation à la prison, en Autrice, Théroigne de Méricourt s'installa à Paris un peu avant la Révolution. On la voyait souvent seule dans une loge à l'Opéra, couverte de diamants[189]. Elle fonda avec Romme le club des *Amis de la loi,* dont elle fut archiviste et se trouva ainsi en rapports fréquents avec Roland, Bosc et Lanthenas. Admise en Février 1790 au club des Cordeliers, elle y prononça un discours très applaudi.

A la séance du 26 Janvier 1792, Dufourny prit la parole en ces termes au club des Jacobins : « Messieurs, je dois vous annoncer

---

[187] Buchez et Roux. *Histoire parlementaire*, T. XXXI, p. 376.

[188] *Archives nationales*. F. 7, 2774.

[189] *Mémoires du Comte d'Espinchal.*

un triomphe pour le patriotisme : Mademoiselle Théroigne, célèbre par son civisme et les persécutions qu'elle a éprouvées de la part de la tyrannie, est ici dans la tribune des dames. À l'instant, plusieurs membres de la société y transportent et font descendre cette demoiselle dans la salle, où elle est reçue avec tout l'intérêt que peut exciter son sexe et ses malheurs[190]. »

Seulement, comme il est difficile de contenter tout le monde, quelques jours plus tard, Théroigne fut fouettée publiquement par un groupe de femmes contre-révolutionnaires qui la rencontrèrent aux Tuilerie. Elle ne plaisait pas non plus à Collot d'Herbois ; il déclarait à la tribune du club des Jacobins le 23 Avril 1792 : « Ce qui nous cause une grande satisfaction, c'est d'apprendre que dans un café, sur la terrasse des Feuillants, Mademoiselle Théroigne a arrêté qu'elle retirait son estime à Robespierre et à moi. » À ce moment, dit l'histoire parlementaire[191], Mademoiselle Théroigne était dans la tribune des dames. Irritée de l'apostrophe et de la rumeur qu'elle faisait naitre, elle s'élance par dessus la barrière qui la séparait de l'intérieur de la salle, surmontant les efforts que l'on faisait pour la retenir, elle s'approche du bureau avec des gestes animés, et insiste pour demander la parole. Mais enfin elle est éconduite hors de la salle. »

Théroigne de Méricourt figure dans toutes les émeutes ; elle harangue les Parisiens et le régiment de Flandre, les 5 el 6 Octobre, après avoir prêché la révolte à la garnison de Nancy. Jolie brune de vingt-ans, d'après les mémoires de Hyde de Neuville, vêtue en amazone avec un chapeau Henri IV à plumes, une paire de pistolets et un poignard à la ceinture, elle excite le peuple au massacre des Suisses le 10 Août et fait égorger le journaliste Suleau dont les articles l'attaquaient ; elle fait ensuite promener au bout d'une pique la tête du malheureux

---

[190] Aulard : *La société des Jacobins*, t. III., p. 346.

[191] Buchez et Roux, t. XIV, p. 130.

écrivain.

Le général Thiébault raconte dans ses mémoires comment ses canons lui furent pris par Théroigne. Après le 10 Août, c'est encore elle qui triomphe de la résistance du président de la section des Feuillants à livrer les prisonniers. Bien entendu ils sont aussitôt massacrés.

Tant d'exploits méritaient une récompense aussi les fédérés décernèrent-il des couronnes civiques à Théroigne de Méricourt et à Rose Lacombe, en souvenir de leur courage dans la journée du 10 Août[192].

Quelle raison cette étrangère avait-elle de tant se passionner pour la cause révolutionnaire ? D'où venait l'argent qu'elle distribuait aux émeutiers ? On se demande si elle n'aurait pas été tout simplement l'agent du roi d'Angleterre ou de Kaunitz avec lequel elle entretenait une correspondance régulière. Les archives de Vienne en font foi. Il ne fut pas possible dans la suite de recueillir ses confidences, car elle devint folle en 1794 et fut internée à la Salpêtrière[193].

Dans la bande de Desfieux, Proly et Pereyra, figure l'espagnol Gusman (ou Guzman). Banquier véreux, il essaie sans succès de se faire passer pour fils de l'électeur de Cologne, puis pour Grand d'Espagne, puis pour descendant des Ducs de Bretagne. Sous Louis XVI, il se fait appeler Baron de Frey, sujet allemand, puis il entre dans l'armée française d'où il est chassé on ne sait pour quel motif. Il devient l'un des agent les plus actifs du comité révolutionnaire central et du comité révolutionnaire de la Commune. La section des Piques le met au nombre de ses commissaires. Il est mêlé à tous les troubles, dépensant l'argent

---

[192] *Mémoires de Bertrand de Molleville... Mémoires de Beaulieu.* Lacour : *Trois femmes de la Révolution.*

[193] *Archives nationales*, F. 7, 4775, 27.

sans compter ; Barbaroux et d'autre le signalent comme distribuant des assignats aux émeutiers. M. Morel Fatio[194] croit que Guzman était un agent du gouvernement autrichien. Parmi les nombreuses dénonciations contre Guzman, signalons celle où il est accusé d'être une femme déguisée en homme.

Trois fois par semaine Gusman donne des dîners où Danton, Fabre d'Églantine, Camille Desmoulins, Pereyra, Chabot et quelques anglais dégustent les vins fournis par Desfieux. Il fait partie des Hébertistes, puis après la mort de Louis XVI on trouve Gusman parmi les agents secrets de Jean de Batz[195].

Il fut condamné et guillotiné le 5 Avril 1794.

L'italien Rotondo avait été expulsé de France en 1785 pour avoir escroqué une vingtaine de danseuses de l'Opéra. Il passe pour être enrégimenté par Lameth en vue de premières émeutes de la Révolution. Il dirige avec son concitoyen Cavallanti le pillage de l'hôtel de Castries. Quelques jour plus tard, il est roué de coups par des officier à qui ses tirades révolutionnaire déplaisent. Il se disait alors professeur de langues étrangères et se plaignait que tous les tyrans de l'Europe fussent coalisés contre lui.

Au mois de Juillet 1790, le professeur est chargé, par les sociétés secrètes sans doute, d'assassiner la reine. C'est pourquoi il s'introduit dans les jardins de St-Cloud à l'heure où Marie-Antoinette faisait sa promenade quotidienne[196]. Mais la pluie empêcha la reine de sortir ce jour-là et Rotondo ne semble pas avoir fait d'autre tentative.

Quatre mois plus tard les rapports de police établissent qu'un

---

[194] *Revue Historique.*
[195] *Archives nationales*, A. F'' 45 et F. 7, 4774.
[196] *Mémoires de Mme Campan*, p. 276.

italien « qui, parfois se dit anglais, que l'on appelle tantôt Rotondi, tantôt Rotondo, tient les propos les plus injurieux contre le roi et la reine. Le 29 Juillet 1791, il est poursuivi pour avoir donné de l'argent aux émeutiers. »

« Le brave Rotondo, arrêté par un grenadier est conduit au corps de garde du bataillon d'Henri IV où ce coquin l'ont assassiné à coups de crosse sur la tête[197]. »

Mais Rotondo avait la tête dure, puisque quatre jours après il sort de la prison de l'Abbaye. Arrêté de nouveau pour propos incendiaires, il passe cette fois 15 jours au Châtelet. Un peu plus tard, on le remet à l'Abbaye parce qu'il est accusé d'avoir tiré sur Lafayette. M. Lenôtre a fait observer que le vol des bijoux de Mme du Barry coïncide avec la sortie de prison de Rotondo qui avait fait contre elle une tentative de chantage[198]. Il s'occupe activement de la préparation des journées du 20 Juin et du 10 Août, puis il prend part aux massacres de Septembre. Saisi de frayeur ensuite, il se cache. Arrêté à Rouen, il s'évade et se réfugie à Genève où il est arrêté, porteur d'une forte somme grâce à laquelle il recrutait une bande de 200 à 300 brigands[199]. Il est mis en prison après avoir reçu, prétend-il, plus de cinquante coups de sabre et de baïonnette. Puis il est livré au roi de Sardaigne comme étant l'un des assassins de la Princesse de Lamballe et condamne à la prison perpétuelle. Mais à l'arrivée des troupes françaises, Rotondo est remis en liberté et il obtient du général Kilmaine un passeport où il est désigné comme « chargé d'affaire pour la République française ! » Rotondo se croit sauvé, mais en arrivant à Paris, il est arrêté de nouveau comme agent de l'Angleterre, ce qui ne l'empêche pas de se faire naturaliser Français et de devenir agent secret du Directoire. Trois mois après il est conduit à la frontière par la gendarmerie.

---

[197] *L'Ami du peuple*, 29 Juillet 1791. *Actes de la Commune*, t. VI, p. 670.

[198] Lenôtre : *Veilles maisons, vieux papiers*, 2ᵉ série, p. 149.

[199] *Actes de la Commune de Paris*, t. VI.

Il revient au 18 Brumaire, Napoléon le fait de nouveau expulser.

En 1811, Rotondo est encore arrêté sur le territoire français pour vol à main armée, mais la police se contente de l'expédier à la frontière. Il se fixe alors en Italie où il ne tarde pas à être pendu pour meurtre et vol[200].

Dans cette carrière si bien remplie, il faut retenir un détail : Rotondo soupçonné avec vraisemblance d'être un agent de l'Angleterre, distribuait de l'argent aux émeutiers. Il était donc aux gages de quelqu'un.

Parmi ses amis se trouvait l'anglais Greives, auquel on attribue le vol des bijoux de Mme du Barry. En excellents rapports avec Marat, Greives s'était fait nommer commissaire du comité de sûreté générale. À force de dénonciations contre l'ancienne favorite, il obtint son arrestation, accumula toute sorte de preuves contre elle et fit arrêter toutes les personnes qui auraient pu renseigner la justice sur le vol des bijoux. Il accompagna Mme du Barry en voiture depuis Louveciennes jusqu'à la prison. On s'est demandé si l'ancienne favorite n'avait pas refusé de verser le prix exigé pour son évasion, car ces usages étaient assez répandus dans le monde révolutionnaire. Une fois Mme du Barry mise sous les verrous, Greives s'installa au château de Louveciennes pour dresser l'inventaire ; la municipalité nomma cinq gardiens chargés d'empêcher que Greives ne fut troublé dans son travail. L'inventaire fut long à établir parce que beaucoup d'objets de valeur étaient soigneusement cachés. Enfin, au bout de six mois, toutes les richesses de Mme du Barry s'étaient évaporées, et Greives se mit en route pour la Hollande. Arrêté au milieu de son voyage il fut conduit à la prison des Récollets. Mais il trouva aussitôt d'excellents arguments pour se faire ouvrir les portes, et alla vivre tranquillement de ses rentes à Bruxelles, d'après

---

[200] H. Furgeot : *Le Marquis de St-Huruge.* G. Lenôtre : *Veilles maisons, vieux papiers,* 2ᵉ série, p. 157.

M. G. Lenôtre, en Amérique, d'après d'autres auteurs.

Greives est l'un des hommes qui ont compris le côté pratique de la Révolution. Protégé d'abord par Mirabeau, puis par Marat, il ne risquait pas grand chose en s'improvisant liquidateur de la fortune de Mme du Barry. Mais pour donner des preuves de son civisme, il avait fondé un club à Louveciennes et fait guillotiner dix-sept personnes.

Châlier, né à Suze clans le Piémont, vient en 1789 à Paris et se lie avec Robespierre. Il organise la Terreur à Lyon où il fait guillotiner environ six mille suspects[201], bien que l'on trouve dans la *Revue historique* de Mai 1887 que « Châlier, homme d'état français, n'a fait mourir personne. »

Il avait dit dans un de ses discours : « Un sans-culotte est invulnérable comme les Dieux qu'il représente sur la terre. » Néanmoins, lorsque la ville de Lyon se révolta contre le régime terroriste, Châlier fut guillotiné à son tour, le 16 Juillet 1793.

Il avait eu pour auxiliaire à Lyon le prince Charles de Hesse, que Nodier compare à un tigre doué de la parole.

Cet étranger avait fait dans l'armée française un avancement rapide grâce à la protection de Louis XVI. Mais des courtisans s'étant moqués à Versailles de sa lourdeur, il se déclara du parti révolutionnaire contre le parti de la Cour.

Dans toutes les garnisons où il passe, le prince de Hesse ne cesse de dénoncer ses supérieurs, ses camarades et es subordonnés. Un membre de la commission de la guerre déclarait pendant la Révolution : « Hesse est le plus infatigable des accusateurs, mais il disparaît toujours quand il s'agit de fournir

---

[201] *Papiers de Robespierre*, t. II. Sybel : *Histoire de l'Europe*, t. II, p. 347.

des preuves[202]. » Maréchal de camp en 1789, il prononce au club des Jacobins des discours où il attaque tous les généraux et en particulier Narbonne, Broglie, Dietrich, Montesquiou. Il semble avoir reçu du pouvoir occulte la mission de désorganiser les armées françaises.

Lorsque la guerre éclate, il se déclare trop malade pour aller à la frontière, mais il ne l'est plus quand il s'agit d'assister aux séances du club des Jacobins. Comblé de bienfaits par Louis XVI, il écrit à la Convention qu'elle doit condamner le tyran à mort. Il rédige le journal des *Hommes libres,* et après le 10 Août il prend l'habitude de signer « Charles Hesse, Jacobin. »

Destitué le 13 Octobre 1793, il ne tarde pas à être arrêté. Sauvé par le 9 Thermidor, il essaie en vain d'être replacé dans l'armée, mais il obtient une pension de retraite. Il collabore aux journaux les plus avancés. En 1798, comme il faisait de l'opposition au Directoire, la police invite le Prince de Hesse à quitter la France. Aussitôt il tombe malade, comme lorsqu'il s'agissait de se battre ; puis il se laisse oublier. Arrêté au 18 Brumaire, mais bientôt remis en liberté, il conspire avec d'anciens Jacobins et dîne avec Georges Cadoudal ; cette fois, il est interné pendant trois ans à l'île de Ré. En 1803, il obtient d'être reconduit à la frontière allemande, en raison de sa santé. Il se réconcilie alors avec sa famille et reçoit une pension, à condition qu'il n'épousera pas sa maitresse. À la fin de l'empire, le Prince de Hesse retourne à Paris ; la police s'empresse de le prier de s'en aller. Enfin il meurt en 1821 à Francfort[203].

Parmi les viveurs qui riaient de tout en 1789 de peur d'être obligés d'en pleurer, se signalait le Prince Frédéric de Salm Kirbourg, frère de la Princesse de Hohenzollern. Il avait fait construire entre le quai et la rue de Lille le palais qui est devenu

---

[202] Sybel : *Histoire de l'Europe*, t. I, p. 624.

[203] Chuquet : *Un Prince Jacobin.* Sybel : *Histoire de l'Europe*, t. I.

la chancellerie de la légion d'honneur[204].

Nommé maréchal de camp, il brilla moins sur les champs de bataille que dans les salons. Se trouvant à Utrecht avec huit mille hommes, il apprit l'arrivée de Allemands ; il décampa aussitôt sans coup férir et revint s'amuser à Paris. Nommé, par Lafayette, chef de bataillon de la garde nationale, le Prince de Salm se rendit ridicule par son zèle révolutionnaire[205].

Son palais était le rendez-vous des constituant les plus avancés d'opinion. Il ne put cependant faire oublier sa naissance et fut guillotiné comme aristocrate.

Dubuisson, poète médiocre, auteur sans succès, était d'origine Belge[206]. Membre du comité d'insurrection de la Commune de Paris, et vice-président du club des Jacobins, il réussit à faire jouer au théâtre Montansier quelques unes de ses pièces.

Émissaire du club des Jacobins, il va avec deux autres étrangers, Proly et Péreyra, demander compte à Dumouriez de ses menaces contre la Convention.

D'après Robespierre, Dubuisson et Proly, couverts du masque du sans-culottisme ont organisé un système de contre-révolution et ont pour complices des banquiers anglais, prussiens et autrichiens. Néanmoins Dubuisson est du nombre des étrangers employés par notre ministère des affaires étrangère en 1793. Chargé d'une mission secrète en Suisse, il finit par être proscrit en même temps qu'Hébert et fût guillotiné en 1794.

L'Italien Dufourny est membre du comité révolutionnaire de

---

[204] Mis en loterie après la condamnation du Prince, cet hôtel fut acheté par un garçon perruquier, Lieuthraud, devenu aussi acquéreur du château de Bagatelle.

[205] Fr. Masson. *Joséphine de Beauharnais*, p. 186.

[206] *Mémoires de Durand de Maillane*. Taine : *La Révolution*, etc.

la Commune et président au département de Paris. Il fréquente assidûment le comité de sûreté générale et assiste à toutes les délibérations du comité de salut public. Son zèle paraît même louche à ses collègues. Robespierre fait observer que Dufourny s'est introduit le 31 Mai dans le comité d'insurrection ; « quand il vit que le mouvement allait réussir il chercha les moyens de le rendre impuissant. »

Membre très actif des Cordeliers et des Jacobins, Dufourny fut proscrit par Robespierre pour avoir défendu Danton. Le 9 Thermidor lui sauva la vie ; dans la suite il fut de nouveau arrêté comme agent de l'étranger, et amnistié le 4 Brumaire an IV. Il devint administrateur des poudres et salpêtres.

François Robert [207], journaliste de Liège, avait épousé Mlle de Kéralio. Ami de Danton, protégé par Mme Roland, membre du club des Jacobins et du club des Cordeliers, il fut élu député de Paris. Le premier groupement républicain se fit dans son salon. Rédacteur au *Mercure* et aux *Révolutions de Paris,* François Robert forma un comité central pour fédérer les sociétés populaires de Paris.

Craignant d'être arrêté en 1791 il se cache chez Roland ; plus tard il dressera l'acte d'accusation contre le ménage qui lui a donné l'hospitalité.

Sur la proposition de François Robert, le club des Cordeliers vote le 22 Juin 1792 une adresse à l'assemblée nationale pour demander l'établissement de la République. Il soutient à la Convention que tout Français a le droit d'assassiner Louis XVI.

Brissot lui avait promis une ambassade (Pétersbourg, Vienne ou Varsovie) ; l'influence de Dumouriez fit échouer ce choix bizarre. Pour le dédommager, Danton le prit comme secrétaire au

---

[207] Il ne faut pas le confondre avec François Robert, géographe français.

ministère de la justice.

Devenu riche tout à coup en 1793, on ne sait par quel moyen, François Robert paie ses dettes et donne des dîners luxueux.

Compris dans le procès du comité révolutionnaire du Contrat social, il fut condamné le 8 Août 1795 : I° à la dégradation civique, 2° à être attaché au carcan pendant deux heures[208]. Puis on ne parla plus de François Robert. Il fut exilé en 1816.

Joseph Gorani, célèbre littérateur de Milan, était un ami de Voltaire el d'Holbach. Dès l'année 1770, son *Traité du despotisme* exposa des théories nettement révolutionnaires. En correspondance avec les meneurs principaux du mouvement de 1789, il se lie peu à peu avec les Jacobins les plus exaltés. Fixé à Paris au début de 1792, il écrit dans plusieurs journaux, notamment dans le *Moniteur,* de violents articles contre Louis XVI et des apologies de la Révolution réunis ensuite en volume sous le titre de *Lettres aux souverains sur la Révolution Française.*

Bailly demanda pour Gorani le titre de citoyen Français en raison des services rendus par lui à la cause de la liberté. Néanmoins, après le 9 Thermidor, Gorani jugea plus prudent de quitter la France. Mais il fut exilé et dépouillé de ses biens par l'Archiduc Ferdinand « pour s'être mal conduit à Paris » ; il se réfugia alors à Genève et ne fit plus parler de lui.

Gorani eut une satisfaction rarement accordée aux littérateurs : le bruit de sa mort ayant couru en 1804, il put lire son oraison funèbre et quelques articles nécrologiques faisant

---

[208] Aulard : *Histoire politique de la Révolution Française.* p. 86 et suiv., 135 et suiv. Aulard : *Paris sous la réaction Thermidorienne.* Aulard : *Études sur la Révolution* (3ᵉ série).

l'éloge de ses œuvres. Il mourut seulement quinze ans plus tard.

F. Ch. Laukhard, fils d'un pasteur Allemand, successivement professeur à l'université de Halle puis soldat, quitta l'armée Allemande pour entrer dans l'armée révolutionnaire. À Lyon son bataillon forme l'escorte d'honneur près de la guillotine. Arrêté pendant la Terreur, remis en liberté au 9 Thermidor, Laukhard retourne en Allemagne s'enrôle dans l'armée des émigrés pour toucher dix louis, puis déserte immédiatement pour redevenir professeur. Il meurt alcoolique.

L'Italien Buonarotti ayant eu des démêlés avec la police de son pays, se fixe en Corse en 1789. Il en est expulsé à cause de ses écrits révolutionnaires. Il y revient en 1792 comme commissaire du pouvoir exécutif près du tribunal de Corte ; la commune de Toulon lui décerne un brevet de civisme. Excellent musicien, il affirme descendre de Michel Ange ; c'est probablement la franc-maçonnerie qui le lance dans le milieu révolutionnaire. Membre du club des Jacobins, il est un des hôtes les plus assidus de Robespierre qui le nomme commissaire de la Convention auprès des armées d'Italie en 1794.

Plus tard il fonde avec Babeuf la société des Égaux, qui propose la suppression de la propriété ; le Directoire, dont les membres viennent de s'enrichir, s'émeut ; Buonarotti est arrêté avec Babeuf, malgré la protection de Carnot, et déporté à l'île Pelée près de Cherbourg, puis à Oléron, enfin à l'île d'Elbe. En 1806 il obtient l'autorisation de se fixer à Genève sous la surveillance de la police ; il y fonde avec le frère de Marat une loge maçonnique, les *Amis sincères,* affiliée aux Philadelphes. Après 1815 il fonde le groupe des *Sublimes Maîtres Parfaits.* Expulsé de Genève en 1823, il va prêcher le socialisme à Bruxelles.

Après 1830 Buonarotti rentre en France et prend une part active à l'agitation révolutionnaire. M. Mathiez le considère comme un des fondateurs du parti socialiste en France[209].

Cérutti, originaire de Turin, était un grand ami de Mirabeau. Il collaborait avec Rabaud St Etienne à la *Feuille villageoise*. Il rendit assez de services à la cause révolutionnaire pour que son nom fut donné à la rue qui s'appelle actuellement rue Laffitte. Cérutti ne devait d'ailleurs pas être très sanguinaire, à en juger par ses ouvrage : *Poëme sur le jeu des échecs, Apologie de l'Ordre des Jésuites, Oraison funèbre de Mirabeau.*, etc...

Le Vénézuélien Miranda dut à la protection de l'Angleterre son avancement rapide dans l'armée Française au début de la Révolution : Pétion et Brissot l'ont avoué.

Il affichait des opinions très avancées : c'est lui qui dénonça à la Convention son général en chef, Dumouriez. Son attitude à Neerwinde parut suspecte à plusieurs officiers et fut qualifiée de trahison[210] sans que la preuve ait pu en être faite. Robespierre déclarait en Avril 1793 : « Stengel, aristocrate Allemand et Miranda, aventurier Espagnol, employé par Pitt, nous trahissaient en même temps à Aix-la-Chapelle et à Maastricht. » Cependant Miranda fut acquitté et couronné de fleurs. Peu après il est arrêté de nouveau comme ami des Girondins. Remis en liberté au 9 Thermidor, il est proscrit le 18 Fructidor et se réfugie en Angleterre. Quelque temps après on retrouve Miranda à Paris ; il est arrêté à l'occasion de l'attentat de la machine infernale. Aussitôt remis en liberté, il juge plus prudent de se fixer en Amérique. Revenu à Paris sous le Consulat, il fut expulsé par la police comme agent de Pitt. Il fonda en Amérique une loge maçonnique où ce ministre transmettait ses conseils par

---

[209] A. Mathiez : *Études Robespierristes*, t. I. Robiquet : *Buonarotti*. Hamel : *Histoire de Robespierre*, p. 298 et suiv.

[210] *Mémoires de Thibaudeau*, t. I, p. 14. Voir aussi de Pradt : *Histoire de la Belgique*.

l'intermédiaire de Miranda.

Salicetti l'a dénoncé comme agent de l'Angleterre ; d'après la Duchesse d'Abrantès, Napoléon Ier le croyait espion de l'Espagne et de l'Angleterre à la fois[211].

Miranda mourut en prison à Cadix en 1816[212].

Frédéric Gentz, auteur de pamphlets révolutionnaires, avait mis sa plume au service passablement rémunéré de la Prusse, de l'Angleterre et de l'Autriche. À l'âge de soixante ans il s'éprit follement de Fanny Essler et sa passion pour la célèbre artiste valut à Gentz une certaine notoriété[213].

Rebmann, journaliste Allemand, affilié aux illuminés, se fixe à Paris au début de la Révolution et entre dans la magistrature.

Peut-on compter Lebrun Tondu parmi les étrangers ? C'est discutable. Les dictionnaires nous enseignent que Lebrun, homme d'État Français, et né à Noyon. Seulement tous les étrangers qui ont participé à la Révolution sont généralement qualifié hommes d'État Français. À Noyon il est impossible de trouver trace de la famille de Lebrun et quelques uns de ses contemporains le disaient Liégeois [214]. Il fut tour à tour ecclésiastique, soldat, déserteur, imprimeur, précepteur en Belgique, mathématicien et journaliste. Les Girondins estimèrent que l'exercice de tant de métiers divers était une bonne préparation à la carrière de ministre ; ils lui confièrent le portefeuille des affaires étrangères, puis le ministère de la guerre.

---

[211] *Mémoires de la Duchesse d'Abrantès*, t. I, p. 290.

[212] O'Kelly de Galway : *Miranda*.

[213] André Beaunier : *Visages de femmes*.

[214] Sybel : *Histoire de l'Europe*, p. 445, t. I.

Lorsqu'il habitait Liège, Lebrun Tondu débutant avec succès dans le journalisme, entra en pourparlers avec le gouvernement Autrichien qui lui proposa de le prendre à ses gages moyennant cent pistoles par an. Mais Lebrun refusa noblement de vendre sa plume à moins de cent louis par an[215]. Une fois aux pouvoir il se montra plutôt modéré, conspira avec Dumouriez et tenta de sauver Louis XVI. Est-ce pour ce motif qu'il fut guillotiné en Décembre 1793, ou pour avoir chargé Desfieux d'intercepter les dépêches des Jacobins[216]. L'histoire ne le dit pas.

Peut-on également considérer comme Français Hassenfratz, qualifié de chimiste Allemand par plusieurs auteurs[217] ? L'un des membres les plus violents de la Commune, Hassenfratz fut premier commis de Pache, ministre de la guerre ; il avait fait autrefois banqueroute sous un autre nom. Nommé fournisseur des armées il put ainsi rétablir ses finances.

Hassenfratz dirigeait le *Journal des Sciences ;* il devint sous l'Empire professeur à l'école polytechnique.

J. Conrad de Cock, rédacteur au *Sans-culotte Batave* a deux domiciles sans compter la Hollande ; à Passy il est aristocrate et donne des dîner où l'on boit du vin offert, dit-on, par le gouvernement Anglais. Dans le centre de Paris il est révolutionnaire et fait partie de la section d'Hébert. Guillotiné pendant la Terreur, il laissa un fils plus célèbre que lui, Paul de Cock, lequel prétend avoir sauvé sa mère, à l'âge de dix mois, en souriant à Fouquier Tinville[218]. Mais Paul de Cock avait beaucoup d'imagination !

---

[215] *Correspondance de W. A. Miles*, p. 34.

[216] Voir ci-dessus, page 100.

[217] Entre autres Reichardt : *Un Prussien en France*, p. 190.

[218] Leroux Cesbron : *Gens et choses d'autrefois*.

Westermann assure que Conrad de Cock et ses amis ont sacrifié 420.000 livres pour la cause de la liberté.

Le cordonnier Allemand Wilcheritz, ami de Robespierre, est administrateur de la prison du Luxembourg ; perpétuellement ivre, il fut guillotiné après le 9 Thermidor.

C'est encore un Allemand qui préside en 1789 au pillage de l'Hôtel de Ville de Strasbourg[219] : Chrétien Vollmar, fils du cocher de l'électeur de Mayence, saute le premier dans la citadelle conquise par l'émeute. Un de ses concitoyens nommé Weber était dépositaire de brochures séditieuses et aidait à les propager ; la police en saisit un grand nombre chez lui le 8 Janvier 1790.

Le napolitain Pio, ancien chargé d'affaire du roi des Deux Siciles, collabore au *Journal de la Montagne,* est employé à l'Hôtel de Ville comme « commissaire pour les papiers des émigrés ». Puis il tient le bureau des passeports, situation fort lucrative aux époques de proscription. Enfin il entre au ministère des Affaires étrangères. Pio trônait au club des Bons Enfants. D'après Nicolas de Bonneville il touchait de l'argent des cours étrangères et il inspirait les articles de Marat et les discours de Robespierre[220].

Un Hollandais, le pasteur Maron, ami de Ronsin consacre à la patrie le temple protestant de Paris.

Le Belge Gœmars dénonce les monarchistes au comité de sûreté générale.

L'Américain Smith est envoyé à Bâle par le Comité de Salut

---

[219] *Revue historique*. Décembre 1915. (Article de M. R. Reuss.)

[220] A. Mathiez : *La Révolution et les étrangers*, page 134.

Public, avec une mission financière.

Son concitoyen Oswald quitte sa jeune femme au début de la Révolution pour venir combattre en France sous le drapeau de la liberté, écrit de nombreuses brochures révolutionnaires en vers et en prose. On le nomme colonel d'artillerie, puis sur la recommandation de Paine, il est chargé d'une mission secrète en Irlande[221]. Oswald fut l'un des fondateurs de la *Chronique du Mois,* journal Girondin. Pendant un séjour aux Indes il s'était converti au Bouddhisme ; il donnait des dîners végétariens qui étonnaient les Parisiens.

L'Allemand Creutz, plus connu sous le nom de Curtius, avait fondé un musée de figures de cire, très fréquenté par la société élégante. Curtius figure parmi les vainqueurs de la Bastille.

Le maire Fleuriol était Bruxellois. J.-Ch-F. Hoffmann, né à Kosteim près Mayence, devint lieutenant colonel dans notre garde nationale. Le Suisse P.-E.-J. de Rivaz était lieutenant colonel également. Le Gènevois F.-I. Sauter fut nommé général en 1793[222].

Le Silésien E. Oelsner, confident de Sieyès et lié avec les dirigeants de l'Assemblée Constituante, était le correspondant de la *Minerva* d'Archenholz [223]. Son ami Halem, d'origine Allemande, se fixe en France en 1790, assiste aux réunions des Jacobins et du Cercle social. Son concitoyen le professeur I.— H. Campe s'installe à Paris après le quatorze Juillet, abandonnant la direction du Philanthropinum de Dessau, célèbre établissement d'instruction. Il entraîne avec lui son élève Guillaume de Humbolt et écrit des panégyrique enthousiastes de la Révolution

---

[221] *Archives des Affaires étrangères.* Londres, V. 587.

[222] G. Dumont : *Bataillons de volontaires nationaux en 1791.*

[223] *Annales révolutionnaires.* Avril 1918. Albert Mathiez : *Les pèlerins de la liberté.*

Française.

Le Suisse Devalot verse 6.000 livre pour le mouvement révolutionnaire. Les notable Gènevois en offrent 900.000 à la Constituante.

Pendant que le poète Anglais Wordsworth fréquente les clubs, son concitoyen Astley installe Boulevard du Temple un amphithéâtre équestre. Le bal des Chaumières appartenait à l'anglais Tinkson.

Le compositeur Reichardt, directeur de l'Opéra de Berlin, vient à Paris en 1791 et 1792, il témoigne son admiration pour le mouvement révolutionnaire.

Le Bavarois Merck, lieutenant dans l'armée autrichienne, passe dans l'armée française en Novembre 1792. L'américain J.-K. Eustace fait les guerres de Vendée et obtient le grade de maréchal de camp. L'espagnol Marchena collabore avec Marat, conspire avec Miranda, puis tourne du côté royaliste, après avoir travaillé à la propagande Girondine avec son concitoyen Hevia, ancien secrétaire d'ambassade.

Le prince Stroganof travaille à la révolution sous le nom d'Otcher. Secrétaire du club des *Amis de la loi,* il assiste aux séances des Jacobins[224]..

Jaubert, officier belge au service de l'Autriche, entre dans la police révolutionnaire. Il dénonce entre autres son concitoyen, le banquier Herries, employé par Pitt à Paris. Il prétend qu'en perquisitionnant aussi chez Walkiers et Langendongue, banquiers de Bruxelles, il serait aisé de prouver leurs relations avec le gouvernement Anglais.

---

[224] A. Mathiez : *La Révolution et les étrangers*, p. 28.

Les allemands Cotta, Dorsch, G. Kerner, Wedekind, etc., se réunissent rue de la Jussienne, sous la présidence de l'explorateur G. Forster, pour faire de la politique. Le Gènevois Grenus, ami de Proly, est en correspondance avec les agents du gouvernement Autrichien. Le comte Poroni venu d'Italie pour faire de la propagande révolutionnaire à Paris, est dénoncé à la Convention comme agent de l'étranger ; il disparaît alors brusquement et retourne dans son pays.

Son concitoyen Marino, officier de police de la Commune, était « animé d'une véritable soif de sang[225]. » Il fut arrêté en même temps qu'Hébert et Dobsen.

Est-ce le hasard qui réunit à Paris un si grand nombre d'étrangers désireux de changer la forme du gouvernement français ? Ou n'y a-t-il pas un plan adroitement organisé par un pouvoir occulte ? Sous les ordres de chefs intelligents manœuvrent d'obscurs mercenaires. On se souvient du rôle prépondérant joué à l'attaque des Tuileries par le bataillon Marseillais. Était-il, comme l'écrit M. Aulard, composé de jeunes gens de bonne famille ? À en juger d'après son attitude et ses actes, c'est assez invraisemblable. Taine, Blanc Gilly, L. Lautard, etc., affirment que ce bataillon comprenait 516 aventuriers triés un par un, Espagnols, Italiens, Levantins, dont le maire, Mouraille, fut bien aise de soulager le pavé de Marseille. À la même époque, Peyron allait à Genève recruter les douze plus fameux terroristes de cette république pour les amener à Paris[226]. Une fois leur besogne accomplie, le 10 Août, on voulut envoyer à la frontière ces terribles soldats ; mais ils déclarèrent qu'ils préféraient retourner à Marseille. En présence de ce courage, le conseil des ministres leur fit voter des félicitations pour leur patriotisme et leur bravoure (séance du 14 Septembre

---

[225] A. Schmidt : *Paris pendant la Révolution*, d'après les rapports de la police secrète.

[226] Général Danican : *Les brigands démasqués*.

1792).

Dans la guerre de Vendée, les armées républicaines contiennent un grand nombre de « Belges, de Bataves, de nègres et d'aventuriers chassés de leurs pays pour crimes[227]. » À Nantes, en 1793, la troupe dite des hussards Américains, se compose de nègres et de mulâtres. On leur donne les femmes à fusiller et ils en usent auparavant pour leurs plaisirs. En Vendée la légion Germanique fusille les femmes par groupes de vingt-cinq et les achève à coups de crosse [228]. Pour une pareille besogne le gouvernement de la République craignait de ne pas trouver de Français !

À Quiberon, d'après les mémoires secrets d'Allonville, les soldats républicains refusèrent de fusiller les prisonniers désarmés auxquels ils avaient promis la vie sauve. On fit alors appel à des Belges[229].

N'est-il pas consolant pour les Français de tous les partis de pouvoir rejeter sur les étrangers la plupart des crimes qui déshonorent la Révolution !

Un certain nombre de policiers avaient l'emploi de « moutons », c'est-à-dire qu'ils jouaient dans les prisons le rôle d'agents provocateurs, et faisaient bavarder les prisonniers pour les dénoncer ensuite. Ce métier était en général confié à des étrangers[230].

Non seulement ceux-ci occupaient les tribunes de nos assemblées, mais ils se mêlaient aux députés, de sorte que l'on se

---

[227] *Mémoires de Puisaye*, p. 411.

[228] Taine : *La Révolution Française*, t. III, p. 376 et suivantes.

[229] L. Gastinne : *La belle Tallien*.

[230] *Mémoires de Mlle de Coigny* (introduction).

demandait s'ils ne votaient pas en même temps qu'eux. Malouet, ayant un jour proposé le huis-clos pour les délibérations importantes, Volney répondit :

« Les étrangers ont le droit de tout voir et de tout entendre pour pouvoir apprécier si nous restons fidèles à notre mandat. »

À la fin de Septembre 1790, les étrangers reçurent l'ordre de se retirer de l'Assemblée, mais ils trouvèrent moyen de ne pas toujours obéir.

Le gouvernement était d'ailleurs lui-même envahi par les étrangers. Pendant que la Terreur était organisée à Paris par le suisse Marat, à Lyon par l'italien Châlier, à Strasbourg par l'allemand Schneider, des suisses occupaient le ministère de la guerre, la mairie de Paris, le ministère des Finances. Une fois au pouvoir, Pache créa le directoire des achats, chargé de toutes les fournitures militaires ; les directeurs étaient le suisse Bidermann et Marx Beer, fils d'un Juif bien connu pour ses escroqueries. Les agents étaient Simon Pick et Mosselniann (de Bruxelles), Perlan et Carpentier (d'Ostende), et les frères Cerf Beer. Ce fut le commencement de la désorganisation de l'armée. Quelques critiques ayant mis en doute les preuves que j'ai données de cette désorganisation (dans l'histoire du général Dumouriez), je leur signale le volume récent de M. A. Chuquet sur Dumouriez[231].

Le suisse Castella était alors dans les bureaux du ministère de la guerre ; son compatriote Niquille était commis du comité de sûreté générale.

Le ministre des Affaires Étrangères se disait français, mais bien des gens l'accusaient d'être belge ; en tout cas parmi nos diplomates, on remarquait en 1794, l'espion anglais Baldwin, l'escroc italien Rotondo, le prussien Forster, les suisses Jeanneret

---

[231] A. Chuquet : *Dumouriez*, pages 150 et suivantes.

et Schweitzer, l'anglais Thomas Christie, le belge Dubuisson, l'américain Oswald, l'allemand Reinhard, le suisse J.—I. Clavière (de Genève), frère du ministre des finances, le prussien Cloots, l'autrichien Proly. Le belge Robert aurait eu, sans les protestations de Dumouriez, l'ambassade de Vienne ou de Pétersbourg. Pereira reçut en Brumaire an II, une mission du ministère des Affaires étrangères dans le Nord de la France.

Le Gènevois Bidermann était trésorier du ministère des affaires étrangères. Heureusement, l'introducteur des ambassadeurs était un Français, Pigeot, ancien notaire condamné autrefois à vingt ans de travaux forcés.

Les révolutionnaires étrangers étaient d'ailleurs si bien chez eux à Paris qu'ils avaient fini par se figurer être français. Marat disait un jour au général Ward : « Les français sont fous de laisser les étrangers vivre chez eux ; on devrait leur couper les oreilles, les laisser saigner quelques jours, puis leur couper la tête[232]. » Sur quoi, le général Ward lui fit timidement observer que lui-même, Marat, était étranger.

La majorité des hommes politiques français avait des attaches avec le syndical cosmopolite qui menait les évènements. Ainsi, Chabot est un pantin dont les espions Emmanuel et Junius Frey tiennent les ficelles. Brissot qui doit de l'argent à tout le monde à Londres, écrit dans le *Courrier de l'Europe* appartenant à l'anglais Swinton. Rewbel est l'homme d'affaires de deux Princes allemands. Basire a pour maîtresse Mme d'Aelders, agent secret du gouvernement prussien. Noël, ami de Danton, inspecteur général de l'instruction publique, est gendre d'un banquier belge. Drouin est agent du Prince de Wittemberg. Hérault de Séchelles est l'amant de la sœur d'un officier autrichien et trahit au profit de l'Autriche les secrets du comité

---

[232] Conway : *Paine* (*Rabbe* 1900), p. 277.

de Salut public[233]. Westermann qui avait été chassé deux fois de Paris pour vol, passe pour être acheté par le gouvernement prussien [234]. Soulavie, agent diplomatique en Suisse, écrit à Robespierre qu'un « très bon patriote signale Kellermann comme vendu à l'Empereur[235]. »

Rabaut St-Etienne a avoué que les Jacobins étaient sous l'influence étrangère. Il écrivait au moment du massacre du Champ de Mars : « On ne peut cacher qu'il a été répandu de l'argent et que l'influence séditieuse venait du dehors[236]. »

Robespierre accusait Lebrun Tondu d'être vendu à l'Autriche pendant que Brissot était vendu à l'Angleterre. Mais le comité de Salut public accusait tant de personnes qu'il devait quelquefois se tromper. On trouve ainsi une déclaration affirmant que Hoche est un traître. Cette dénonciation est signée Collot d'Herbois, Robespierre, Carnot, Billaud-Varenne et Barère.

Les annales révolutionnaires de Juillet 1914 signalaient une accusation, accompagnée de détails précis, contre le conventionnel Antoine Guerber ; Gugenthal, ancien officier prussien passé au service de la France, affirme que Guerber adressait au professeur Weber à Strasbourg des lettres destinées aux généraux Wurmser et Kalgstein ; les prussiens et les autrichiens étaient ainsi tenus au courant de tout ce que se passait à la Convention. Vadier, président de la Convention et du comité de sûreté générale, affirme que Fabre d'Églantine est le principal

---

[233] *Notes de Robespierre pour le rapport de St-Just. Hamel : Robespierre*, t. III, p. 453.

[234] L. Madelin : *La Révolution*. Voir séance de la Convention, 23 Décembre 1792. Biré : *Journal d'un bourgeois de Paris*, t. II, p. 126.

[235] *Papiers de Robespierre*. Buchez et Roux, t. XXXV, p. 383.

[236] *Correspondance de Rabaut St-Étienne. Révolution Française*, tome XXXV. Lettre du 17 Juillet 1791. A. Mathiez : *La Révolution et les étrangers*, p. 121.

agent de Pitt[237].

Nous reviendrons sur ce point dans la suite.

---

[237] A. Tournier : *Vadier, président du comité de sûreté générale*, p. 110.

CHAPITRE VII

L'AUTRICHE

En 1789, la France et l'Autriche sont alliées ; mais tandis que les familles régnante entretiennent des relations amicales, les hommes d'état autrichiens sont anti-français. La France, au « couchant de la monarchie », est un obstacle aux projets de presque toutes les puissances, et en particulier au partage de la Pologne. Kaunitz qui détestait notre pays, fut, d'après M. Gustave Bord, le promoteur de l'alliance parce qu'il « espérait en tirer parti au seul profil de l'Autriche. Son successeur Thugut avait une haine aveugle contre la France[238]. »

La mort de Joseph II relâcha les liens entre les deux monarchies. Mercy Argenteau écrivait à Kaunitz[239] : « Le nouveau monarque et la reine ne se connaissent presque pas, et ils ont toujours marqué assez peu de penchant l'un pour l'autre. » En effet, Marie-Antoinette n'avait pas revu son frère depuis l'âge de dix ans.

En 1789, l'Autriche paraît tout à fait étrangère au mouvement révolutionnaire ; le seul autrichien qui prenne une part active aux évènements est le fils naturel de Kaunitz, le comte Proly (ou

---

[238] G. Bord : *Autour du Temple*, t. I, p. 134 et suiv.

[239] 10 Mars 1790.

Prohli)[240]. Les Frey sont plus Israélites qu'autrichiens, et leur rôle s'expliquerait par la franc-maçonnerie. Néanmoins il est à peu près démontré qu'ils étaient espions au service de l'Autriche ; ils étaient vraisemblablement soudoyés aussi par la Prusse[241].

Au début des troubles, fomentés par l'Angleterre et la Prusse, ainsi que nous le prouverons dans la suite, la politique autrichienne ne peut guère être révolutionnaire. Mercy Argenteau était indigné de la campagne contre Marie-Antoinette. « On ne peut, écrivait-il, assigner les causes de la frénésie qui s'est emparée des esprits contre la Reine. Les absurdités qu'on lui impute et auxquelles le bons sens répugne, ne peuvent en être les seuls motifs. Il faut que quelque cabale secrète y ait donné lieu. »

Bientôt, Mercy Argenteau fait observer à l'empereur que la France, occupée de ses dissensions intérieures, ne pourra de longtemps intervenir dans les affaires de l'Europe. Le gouvernement autrichien reste alors l'allié de Louis XVI uniquement pour avoir les main libre en Pologne et en Turquie. On disait à Vienne que si l'empereur suivait son inclination, il « fournirait dix mille hommes à une armée démocratique et autant à une armée aristocratique[242]. »

Mais en 1792, l'alliance est rompue et la guerre déclarée. Dès lors, l'Autriche désire sauver la famille royale et surtout étouffer le foyer révolutionnaire qui pourrait gagner les pays voisins. Elle en profiterait pour prendre un honnête courtage ; Mercy, qui avait toujours été un ami de la France, rédige un projet de démembrement dans lequel la part de l'Autriche serait la suivante : On étendrait les Pays-Bas jusqu'à la Somme. Des sources de cette rivière, la frontière rejoindrait la Meuse vers Sedan ou Mézières. L'Alsace et la Lorraine feraient retour à

---

[240] Son nom est quelquefois orthographié, Proli.

[241] Vicomte de Bonald, F. Chabot : *Archives nationales*, F. 7, 4637.

[242] *Archives des Affaires étrangères*, Vienne, v. 362.

l'empire. La France serait « réduite à l'impuissance pour le reste des siècles[243]. »

L'aggravation de nos désordres servait donc les plans du cabinet de Vienne et il les favorisa, avec moins d'activité toutefois que la Prusse et l'Angleterre.

Le rôle de Proly, fils naturel de Kaunitz[244], reste assez énigmatique : Pourquoi se fixe-t-il à Paris, comme tant d'étrangers en 1789 et fréquente-t-il les principaux Jacobin[245] ? Logé d'abord chez les Frey, Proly s'introduit dans les comités, collabore avec Barère et Hérault de Séchelles, et donne son avis dans les bureaux du ministre des affaires étrangères[246]. Conseil de Lebrun Tondu, il est chargé par lui de diverses missions diplomatiques. Il fonde une cinquantaine de clubs populaires. Robespierre disait au club des Jacobins (Novembre 1793) : « Le but de Proly est de tout bouleverser et de perdre les Jacobins. Il est imprenable comme ses principaux complices qui sont surtout des banquiers anglais, prussiens, autrichiens. »

Ayant fait à la Bourse quelques spéculations heureuses, Proly menait joyeuse vie. Après la mort de Louis XVI il tourne du côté des contre-révolutionnaires. Un compagnon de plaisir, le Comte de Champgrand, lui ayant fait faire la connaissance de Jean de Batz, Proly s'enrôle dans la bande du célèbre conspirateur. Il simule alors avec Champgrand un commerce de tableaux. Néanmoins, en Mars 1793, au moment où Dumouriez commence à menacer la Convention, Proly est envoyé avec Pereyra et Dubuisson demander compte au général de son attitude. Marat

---

[243] *Correspondance de Mercy Argenteau, publié par Flammermont. Lettres à Thugut*, 15 juin et 12 juillet 1793.

[244] Sa mère était cousine germaine d'Anarchasis Cloots.

[245] Il fonde alors un journal, le *Cosmopolite*.

[246] Buchez et Roux : *Histoire parlementaire*, t. XXXI, p. 375 et suiv. Avenel : *Anarchasis Cloots*.

déclare qu'il a bien mérité de la patrie. Mais le 9 Nivôse an II, Proly est décrété d'arrestation. Insaisissable chez lui, il passe ses soirées à jouer chez Mme de Ste-Amaranthe.

« La perquisition la plus exacte a été faite dans cette maison, disent les agents du comité de Salut public ; nous n'y avons rien trouvé de rapport à notre mission. La citoyenne Ste-Amaranthe a déclaré qu'elle ne connaissait Proly ni directement ni indirectement[247]. » Les scellés sont mis dans l'appartement de la rue des Fille St-Thomas, prêté ou loué par Desfieux à Proly. Le 18 Nivôse, le comité de surveillance vote 200 livres pour subvenir aux frais occasionnés par la recherche du complice de Batz. Après de longues poursuites, deux membres du comité des recherches étant entrés le 30 Pluviôse dans l'auberge du Petit-Cerf, à Vandereau (Seine-et-Oise), pour se rafraîchir, y découvrent Proly déguisé en cuisinier. Aussitôt arrêté, le fils de Kaunitz est conduit à la prison de la Force. Hérault de Séchelles réclame avec larmes la liberté de son complice ; en effet Proly, instruit, dit-on, par Hérault de Séchelles de tout ce qui se passait au comité de Salut public[248], transmettait les nouvelles au gouvernement autrichien.

Son intervention échoua, mais Collot d'Herbais fut plus adroit et obtint la mise en liberté de Proly, Desfieux et Rutledge, agents de l'Angleterre (Octobre 1793)[249]. Arrêté une seconde fois quelques mois plus tard, Proly fut condamné à mort le 24 Mars 1794.

Les archives nationales ont conservé avec soin les bordereaux établissant les spéculations de Proly sur les actions de la Mer Rouge, la compagnie des Indes, etc., mais il ne reste pas trace de

---

[247] *Archives nationales,* F. 7, 2774.

[248] Hamel : *Histoire de Robespierre,* p. 453.

[249] A. Mathiez : *Hérault de Séchelles était-il Dantoniste.* (*Annales révolutionnaires,* Juillet 1914).

sa correspondance politique.

Les pourparlers du gouvernement autrichien avec Dumouriez pendant la campagne de Belgique sont suffisamment connus. La cour de Vienne entama plus tard avec Robespierre des négociations secrètes par l'entremise de Montgaillard. Les papiers de Barthélemy en font foi mais ne révèlent aucun détail[250]. Quant aux mémoires de Montgaillard, ils sont un peu suspects car ils travestissent quelquefois la vérité. Mais il y a lieu de croire que Mongaillard était le mandataire de Robespierre lorsqu'il fut reçu par François II, en Avril 1794. M. Cl. de Lacroix[251] fait observer qu'il fallait « de bien puissants motifs pour déterminer l'empereur à recevoir un personnage dont le rang et les origines devaient lui paraître suspects. » C'est à peu près à la même époque que l'Incorruptible entrait en rapport avec les émissaires de Louis XVIII[252]. Peut-être y a-t-il un lien entre ces diverses négociations.

Après la mort de Louis XVI, l'Autriche fait cause commune avec l'Europe dans la lutte contre la Révolution. Il résulte des confidences de Hirsinger et de la correspondance de Jeanneret, agent diplomatique en Suisse, la preuve que le cabinet de Vienne a en France « des hommes si adroits qu'on les croit les plus zélés républicains. D'exagération en exagération on arrivera au but qui est de détruire la Convention par le peuple et par elle-même en la divisant. On a détruit les constitutionnels par les Girondins, puis on a poussé à la ruine des Girondins. Pour abattre ce parti et celui d'Orléans, le cabinet de Vienne a fait les plus étonnants sacrifices »[253].

---

[250] *Lettre de Barthélemy à Buchot*, 30 Août 1794.

[251] *Souvenirs* du *comte de Montgaillard* publiés par Cl. de LACROIX.

[252] *Revue de la Révolution*. 1888, p. 194. Article de M. G. BORD.

[253] *Papiers de Barthélemy. Lettre de Jeanneret à Deforgues*. 19 Février 1794.

C'est exactement la tactique employée par Jean de Batz.

Le ministre Thugut disait : « Ce qui est essentiel c'est qu'il y ait des partis en France qui se combattent et s'affaiblissent mutuellement »[254].

En résumé, l'Autriche ne doit pas figurer parmi les auteurs cachés de la Révolution Française ; mais elle travaille activement à la contre-révolution. Il est permis cependant de s'étonner de son indifférence à l'égard des infortuné prisonniers du Temple[255].

---

[254] Sorel, t. III, p. 329.

[255] Voir sur ce point : Ménard : *Histoire du Directoire* et Comte d'Hérisson : *Autour d'une Révolution*.

CHAPITRE VIII

LA PRUSSE

Les Français se sont souvent fait des illusions sur les sentiments de l'Europe à leur égard : ils se sont crus admirés et aimés quand ils n'étaient que jalousés. L'engouement de nos philosophes pour la Prusse au XVIIIe siècle est le résultat d'une de ces illusions. Frédéric II les flattait parce qu'ils préparaient la Révolution souhaitée par l'Europe.

L'alliance des deux grandes nations catholiques mécontentait les puissances protestantes. La Prusse voulait s'agrandir en Allemagne, et elle complotait le partage de la Pologne protégée par la France. En intervenant dans nos affaires, elle avait peut-être un troisième objet : le remplacement de Louis XVI par le duc de Brunswick.

Le cabinet de Berlin jugea que pour brouiller la France avec l'Autriche, le moyen le plus simple était de soulever l'opinion à Paris contre Marie-Antoinette. Ce rôle fut confié au Juif Éphraïm dont nous parlerons un peu plus loin. Comme l'a fait observer le marquis de Moustiers, derrière Éphraïm se trouve l'ambassadeur Von der Goltz que Mirabeau disait « fin, rusé, très personnel et cupide ; l'argent est sa passion dominante ».

Plusieurs années avant la Révolution, Vergennes avait déjà averti Louis XVI que le baron de Goltz était le chef de l'espionnage Prussien. Chargé par son souverain de désunir le ménage de Louis XVI, Goltz avait tenté sans succès de fournir une maîtresse au roi[256]. Ayant échoué dans cette négociation, il entretient l'opinion contre Marie-Antoinette, subventionne à Paris les journaux révolutionnaires, et distribue de l'argent aux hommes politiques Français[257].

La franc-maçonnerie avait préparé le terrain à accepter l'influence Allemande. En 1789 le mouvement était bien lancé et les esprits surexcités contre « l'Autrichienne ». Le lendemain de la prise de la Bastille par des bandes composées en majeure partie d'Allemands, Von der Goltz considère le 14 Juillet comme une victoire de la Prusse[258]. De temps en temps il en voie à Berlin les articles payés par lui dans les journaux partisans des idées nouvelles, et prouve que « la Prusse, grâce à sa généreuse diplomatie, peut être considérée comme la meilleure protectrice de la Révolution »[259]. Camille Desmoulins, dans l'histoire des Brissotins, prétendait que le côté droit de la Convention était dirigé par un comité Anglo-Prussien. Il signalait l'affirmation suivante de Phélippeaux : « Les dépenses du roi de Prusse l'année dernière (1792), comptent six millions d'écus pour corruptions en France »[260].

Barère disait aussi à la Convention « Le mouvement dont nous sommes menacés appartient à Londres, Madrid, Berlin »[261].

Les agents de la Prusse paraissent beaucoup moins nombreux que ceux de l'Angleterre ; deux seulement ont joué un rôle important, Éphraïm et Anacharsis Cloots ; ce dernier se disait

---

[256] P. d'ESTRÉE : *Le grand maître de l'espionnage. (Nouvelle Revue*, 15 Février 1918).

[257] *Archives nationales*, A. F" 45.

[258] *Correspondance de Von der Goltz*, éditée par Flammermont, p. 130.

[259] Voir l'article de M. G. Gautherot dans l'*Univers* du 4 novembre 1913.

[260] Buchez et Roux. *Histoire parlementaire*, t. XXVI, p. 289.

[261] Id. t. XXVII. Séance du 31 Mai.

d'ailleurs brouillé avec son pays.

Éphraïm centralise toute la conspiration contre Marie-Antoinette ; il lance contre elle les premiers pamphlets, après avoir collaboré avec succès à l'affaire du collier. Agent des francs-maçons Rose Croix, il avait été introduit dans le monde politique Français par l'ambassadeur Von der Goltz qui le présenta aux constitutionnels, puis aux Girondins. Peu à peu Éphraïm se lie avec Marat, St-Huruge, Carra, Rotondo et Gorsas ; il fréquente les clubs et s'y montre d'une extrême violence. « Il n'est sorte de propos, écrit le marquis de Moustiers, ambassadeur à Berlin, qu'Éphraïm ne se permette contre la Reine ; j'ai à peu près la certitude qu'il répand de l'argent et je sais qu'il touche des sommes considérables chez des banquiers ».

Fersen écrivait à Gustave III : « Il n'y a pas longtemps qu'Éphraïm a touché 600.000 livres qu'il fournit à la propagande révolutionnaire »[262]. On se doutait bien à Paris qu'Éphraïm était un agent secret du gouvernement de Berlin, puisque les correspondances diplomatiques signalent à l'ambassadeur de France que « Mme Éphraïm lui facilitera les moyens de voir Bischofswerder et même le roi de Prusse[263]. »

En 1790, le cabinet de Berlin est si content des services d'Éphraïm, qu'il l'adjoint à l'ambassade avec mission apparente de s'occuper des affaires de commerce. Bientôt l'adroit Israélite écrit à Berlin : « Les premiers membres de l'Assemblée nationale sont si portés pour l'amitié Prussienne qu'on pourrait demander en ce moment tout ce qu'on voudrait ». Un peu plus tard il ajoutait : « Le club des Jacobins est tout à fait adonné à la Prusse »[264].

---

[262] Voir G. Bord. *La conspiration révolutionnaire de 1789*, p. 191.

[263] *Archives des Affaires étrangères.* Berlin, 1790.

[264] Correspondance de Von der Goltz, p. 133.

L'explication de cette grande sympathie serait-elle dans la lettre où Éphraïm parle des sommes envoyées par le gouvernement Prussien à Choderlos de Laclos, bras droit de Philippe Égalité ? Il n'est pas sans intérêt de citer les principaux passages de cette lettre qui prouve : 1° que les meneurs de la Révolution étaient soudoyés par le roi de Prusse ; 2° qu'en exigeant des réformes on avait l'espoir de les voir refuser par Louis XVI, et d'aggraver ainsi l'effervescence révolutionnaire.

Éphraïm à Laclos, 22 Avril 1791[265] :

« Vous êtes désespéré, m'a-t-on dit, d'avoir manqué votre dernière entreprise. Je le crois, elle nous a couté beaucoup d'argent, et dans ce temps-ci on ne saurait trop le ménager. Telles sont du moins les intentions du Roi Frédéric-Guillaume mon maître...

J'avais compté que le Roi ne renvoierait pas tout d'un coup les prêtres de sa chapelle et que, par là, nous trouverions encore quelque moyen de faire crier après lui. Point du tout il les renvoie, et nous sommes encore les dupes. Cet homme est imprenable ; de quelque côté qu'on l'attaque il vous désarme tout d'un coup. Qui aurait calculé trouver sur le trône un homme qui sacrifie toutes ses jouissances personnelles à la tranquillité de son peuple ?...

Par les décrets il restait encore des gentilshommes de la chambre. Nous nous étions déjà arrangés pour occasionner encore une belle et bonne émeute. Je croyais que nous pourrions réussir par là ; il a prévu le coup, il a renvoyé ses gentilshommes et nous laisse à court avec tous nos projets.

Notre situation a été brillante pendant quelques heures, j'ai même cru que votre aimable patron remplacerait son cousin ; mais actuellement mes espérances ne sont plus les mêmes... Tout

---

[265] *Bibliothèque nationale*, L. b. 39, 9888.

ce qui m'en plaît, c'est que nous avons par cette secousse perdu Lafayette et c'est déjà beaucoup.

Nos 500.000 francs sont consommés à peu près inutilement, voilà ce que je trouve de plus malheureux ; nous n'aurons pas tous les jours de pareilles sommes à notre disposition et le roi de Prusse se lassera de fournir l'argent... Il faut s'armer de courage, attendre ce qu'auront fait les courriers que nous avons envoyés dans tous les départements. S'ils ont réussi à soulever et à ameuter, alors nous aurons beau jeu... Si au contraire ils n'ont rien opéré, je crois qu'il faudra abandonner la partie...

P.S. J'apprends que la garde ne veut pas laisser partir son général. Ce coup me terrasse... Hâtez-vous de rassembler le conseil et faites-moi prévenir de l'heure ».

C'est seulement au mois de Janvier 1791 que le gouvernement Français paraît s'émouvoir des agissements d'Éphraïm. Une lettre, entièrement écrite de la main de M. de Montmorin, charge le marquis de Moustiers de faire à Berlin une enquête sur cet Israélite inquiétant qui « paraît avoir été envoyé ici pour intriguer de la manière la plus criminelle... Il m'a été apporté des propos de lui que je ne me permettrai pas de rapporter parce qu'ils sont trop atroces... Cet intrigant a cherché à se lier avec les personne que leur ardeur pour la Révolution rend plus propres à l'écouter. Son objet et de nous compromettre avec l'empereur ; il a pensé qu'en échauffant les esprits contre la Reine il pourrait y parvenir plus facilement »[266].

Moustier ne trouva rien de mieux pour cette enquête que d'aller questionner Mme Éphraïm, ce qui à première vue semble plutôt naïf. Il avoue (10 Février 1791) n'avoir pu la faire parler. Cependant elle a dit dans la conversation que si Bischofswerder était éloigné, elle ne saurait à qui remettre les lettres de son mari

---

[266] *Archives des Affaires étrangères*. Berlin, v. 212.

pour le roi de Prusse.

Sur de nouvelle plaintes de M. de Montmorin, le marquis de Moustiers répond le 28 Février : « Éphraïm a ici même la réputation d'un intrigant qu'on est toujours prêt à désavouer » Enfin le 13 Avril, il écrit : « Je ne puis me défendre du soupçon que la cour de Prusse est occupée depuis longtemps du désir d'entretenir parmi nous des troubles...

Je sais, par l'aveu de sa femme, qu'Éphraïm s'est vanté de rendre de bien grands services au roi ; qu'il a craint plusieurs fois de courir de grands risques...

Si l'on avait du penchant à croire le mal sur les apparences, on pourrait le croire autorisé à agir comme il le fait... »

Malheureusement l'entourage de Louis XVI ne croyait pas facilement le mal ; ses fonctionnaires non plus ; aussi Moutiers concluait-il en rejetant l'idée qu'Éphraïm ait agi sur l'ordre de son gouvernement[267]. Puis il proposait un rapprochement Franco-Prussien, afin de déjouer les manœuvres perfides de l'Angleterre [268]. Cette fois il voyait clair en soupçonnant l'Angleterre de mener les évènements.

Dès cette époque la cour de France est si désarmée que Marie-Antoinette s'adresse à Blumendorf pour le prier de faire agir Kaunitz auprès du roi de Prusse afin d'arrêter les machinations d'Éphraïm. Aussi lit-on dans la correspondance diplomatique de Moustiers (le 26 Mai)

« Le comte de Goltz doit avoir signifié à Éphraïm d'être plus circonspect... » Un peu plus loin l'ambassadeur ajoute : « Le roi

---

[267] *Archives des Affaires étrangères*. Berlin, v. 212.

[268] *Idem*.

est de plus en plus sous l'influence des Illuminés... »

Éphraïm fut l'instrument le plus actif de l'alliance des Girondins avec Bischofswerder, conseiller du roi de Prusse[269]. Il faisait une propagande habile auprès de Gensonné, Pétion et de leurs amis[270].

Arrêté à la suite de l'émeute du Champ de Mars, Éphraïm fut remis en liberté deux jours après, sur la demande de l'ambassadeur de Prusse. Ce qu'il y a de curieux, c'est que la cour de Vienne se déclare prête à appuyer cette demande si c'est nécessaire. Le marquis de Noailles observe que « c'est une des singularités sans nombre du moment »[271]. D'ailleurs après l'arrestation de Louis XVI à Varennes, le gouvernement Autrichien, considérant la monarchie Française comme perdue, commençait à se rapprocher de la Prusse.

Moustiers écrit le 30 Juillet : « Le comte de Goltz recevra l'ordre de réclamer l'élargissement d'Éphraïm et de le désavouer formellement en qualité d'agent révoqué. J'ai été prié de vous le faire connaître ».

Le comité des recherches déclare qu'il a été procédé à la vérification exacte des papiers d'Éphraïm, « sans y comprendre néanmoins les pièces relatives à sa correspondance avec Sa Majesté le Roi de Prusse, lesquelles étaient renfermées dans un portefeuille particulier ».

Ainsi l'on arrête un agent étranger fomentant des trouble à Paris, et sa correspondance avec le gouvernement Prussien n'est même pas examinée ! C'est bien extraordinaire. De deux choses

---

[269] Fr. Masson. *Le département des Affaires étrangères pendant la Révolution*, p. 102.

[270] L. Kahn *Les Juifs de Paris*.

[271] *Archives des Affaires étrangères*, Vienne, v. 362, 6 Août 1791.

l'une : Ou il est couvert par l'immunité diplomatique, et alors comment reste-t-il du 28 au 30 Juillet en prison ?[272] Ou il est considéré comme espion, et alors pourquoi respecte-t-on sa correspondance politique Est-ce parce qu'elle compromettrait trop de personnes ?

Malgré cette faiblesse, les révolutionnaires firent un crime à Montmorin d'avoir osé faire arrêter le Juif Éphraïm, et dans l'opinion de M. Fr. Masson, ce fut l'une des causes principales de la mort de l'infortuné ministre[273].

En faisant espérer aux amis de Philippe Égalité un changement de dynastie, Éphraïm devait bien rire de leur crédulité. En réalité, s'il préparait une candidature, c'était celle du duc de Brunswick. Le projet de mettre ce prince sur le trône de France n'a pas été une boutade de Carra, comme certains auteurs ont paru le croire. Les débuts des négociations se trouvent aux archives des Affaires étrangères. Le groupe Français à la solde de la Prusse était assez puissant pour avoir fait faire une démarche officielle auprès de Brunswick dès le mois de Janvier 1792. Il était alors prématuré de lui offrir la couronne, on lui proposa donc le titre de généralissime des armées Françaises. Il aurait rétabli l'ordre, accordé toutes les réformes demandées par le parti révolutionnaire, et le jour de la déchéance de Louis XVI, se fût trouvé tout prêt à prendre sa place. Le ministre Narbonne, à l'insu de Louis XVI, envoya donc le jeune Custine au duc de Brunswick, l'un des chefs de la franc-maçonnerie Prussienne. Le roi fut indigné lorsqu'il en fut informé, mais depuis le retour de Varennes il était complètement désarmé. Custine fit tomber la conversation sur « l'importance du rôle que pourrait jouer l'homme d'un grand caractère qui sachant maintenir en France l'ordre au dedans et la considération au dehors, deviendrait

---

[272] Selon quelques auteurs, c'est du 18 au 20.

[273] Fr. MASSON. *Le département des Affaires étrangères pendant la Révolution*, p. 222.

l'appui d'une révolution qui ne présenterait plus que des avantages, l'idole des Français, le bienfaiteur de la postérité... »

Après avoir obtenu la parole d'honneur du duc que ce qu'il allait lui dire resterait enseveli dans un éternel silence, « Si la nation Française, continue Custine, déclarait par l'organe de ses représentants que dans la crise dont elle est menacée, un seul homme est par sa gloire passée, par la puissance de son génie et de ses talents, capable de remplir ces hautes destinées... et que ce grand homme fût vous Monseigneur, que nous répondriez-vous ? »

Profondément ému en prononçant ces paroles, je vis que le duc de Brunswick l'était aussi.

« Je reconnais, me dit-il, la grandeur d'une pareille idée... Mais quel homme sera assez présomptueux pour oser se croire les forces nécessaires ? » Puis il ajouta qu'il ne connaissait pas assez la France... Je lui remis la lettre de M. de Narbonne. Il en fut très ému ; mais il me fit des questions sur l'armée et de nouvelles objections relatives à la difficulté du succès : « Vous même auriez mauvaise opinion de moi si je prenais une décision sans l'avoir mûrement réfléchie »[274].

Le lendemain Brunswick répond qu'il voit trop de difficultés au parti qui lui est proposé : l'opinion publique, trop versatile en France, l'incompatibilité de sa position personnelle et de famille avec l'offre qui lui est faite, etc... Custine insiste sans succès : « Ce tact délicat, cette profonde connaissance des hommes et des Français, toute ces nuances enfin que vous possédez et qui sont nécessaires pour les conduire, me prouvent avec évidence que c'est véritablement en France que vous êtes appelé par la nature à venir chercher une gloire immortelle ».

---

[274] *Archives des Affaires étrangères.* Berlin, v. 213.

Malgré le peu d'enthousiasme de ce prétendant, sa candidature ne fut pas écartée. Dans la semaine qui précéda l'insurrection du 10 Août, sur la proposition de Manuel et de Thuriot, le comité secret des Jacobins approuva le remplacement de Louis XVI soit par le duc d'York, soit par le duc de Brunswick, soit par le duc d'Orléans[275]. Le trône devenant vacant après le 10 Août, la candidature du prince Prussien fut officiellement mise en avant par Carra et ses amis, non plus comme généralissime, mais comme roi de France. Carra autrefois condamné à la prison pour vol avec effraction, avait une assez bonne situation dans le monde révolutionnaire ; six départements s'étaient disputé l'honneur de l'envoyer à la Convention.

Sieyès et Talleyrand se rallièrent à cette proposition[276] ; mais Robespierre et Billaut Varenne s'empressèrent de dénoncer à la Commune de Paris le complot en faveur de Brunswick « qu'un parti puissant veut porter au trône »[277]. Ils accusent Condorcet d'être complice de Carra, ainsi que Vergniaud, Brissot, Lasource, Ducos et Guadet. Comme en outre il y a deux autres candidats, le duc d'York, et le duc d'Orléans, il est impossible de se mettre d'accord.

La guerre avait été commencée, et Brunswick avait lancé son fameux manifeste que l'on a représenté comme une maladresse insigne due aux émigrés. N'était-ce pas au contraire un procédé machiavélique de la Prusse pour exaspérer l'opinion à Paris et consommer la rupture entre Louis XVI et les révolutionnaires ?

Dans l'acte d'accusation contre Brissot et Gensonné on lit celle phrase très vraie : « Rien de si bête que ceux qui croient ou voudraient faire croire que les Prussiens veulent détruire les

---

[275] G. Bord. *Autour du Temple*, I, p. 533.

[276] LEBON. *L'Angleterre et l'émigration* (Introduction).

[277] AULARD. *Histoire politique de la Révolution Française*.

Jacobins »[278].

En effet, une foi les hostilités entamées, Brunswick ménage le français et ne cesse de négocier avec les émissaires des Jacobins. Au moment de la bataille de Valmy, il aurait pu écraser l'armée de Dumouriez, si inférieure en nombre ; il lui laisse le temps de recevoir des renforts et des approvisionnements. Après la bataille, qui n'est pas très meurtrière, Dumouriez reçoit l'ordre formel de ne pas inquiéter la retraite des Prussiens[279].

Le peu d'enthousiasme soulevé en France par la candidature de Brunswick semblait avoir fait complètement abandonner le projet de Carra. D'ailleurs ce Prince se méfiait de la turbulence de ses futurs sujets et le sort de Louis XVI lui avait donné à réfléchir. On songea alors au Prince Louis de Prusse qui avait toujours été sympathique à la France. Sandoz, ministre de Prusse à Paris ; écrivait en 1799 : « Ste-Foy, confident de Talleyrand, m'a tenu le discours suivant : Le retour de la paix pourrait dépendre du rétablissement d'une monarchie constitutionnelle... Les autorités et la saine partie de la nation ne se décideraient pas pour un Bourbon. Les suffrages se déclareraient plutôt pour le Prince Louis, fils du Prince Ferdinand »[280].

Voici l'explication donnée par Albert Vandal de ce projet de remplacer le Bourbon par une dynastie Prussienne : « Une partie des hauts révolutionnaires s'imaginaient qu'en se donnant à un élève du grand Frédéric, à un prince philosophe, la Révolution ferait la plus avantageuse des fins...

Quelques-uns songeaient à un protecteur et pensaient à faire régner Brunswick que l'on affublerait d'abord d'un titre

---

[278] *Archives nationales,* A. F. 11 45. *Rapport de Carra.*

[279] Le chef des forces prussiennes et les Jacobins, dit M. Oscar HAVARD, « se sont entendus pour offrir à la France et l'Europe simulacre d'une bataille ».

[280] LEBON. *L'Angleterre et l'émigration.* Préface, p. 27.

républicain »[281].

Résultat imprévu de ce que M. Paul Bourget a appelé « La défaite de l'illusion démocratique » ![282]

Il est impossible de retrouver l'origine d'une troisième candidature Prussienne, celle du Prince Henri, mais il a certainement été question de lui avant le Prince Louis, puisque l'impératrice Catherine de Russie écrivait à Grimm le 11 Juin 1795 : « Il y a des gens qui prétendent que c'est le Prince Henri de Prusse que les régicides prétendent donner pour régent à Louis XVII quand ils le rétabliront Si cela est, je parie que sous six mois son Altesse Royale sera guillotinée »[283].

On peut se demander pourquoi un fin diplomate comme Talleyrand a pu s'associer à cette campagne de Jacobins vulgaires qu'Ernest Renan qualifie ainsi « les hommes ignorants et bornés qui prirent en mains la destinée de la France »[284]. Pouvait-il croire à la solidité d'une dynastie Prussienne dans notre pays ? Ou l'explication se trouve-t-elle dans le portrait impitoyable tracé de Talleyrand par Mirabeau : « Un homme vil, avide, bas, intrigant. C'est de la boue et de l'argent qu'il lui faut. Pour de l'argent, il vendrait son âme, et il aurait raison, car il troquerait son fumier contre de l'or »[285].

Vraisemblablement la campagne en faveur de Brunswick était bien payée à Carra et à ses amis ; on aurait peine à l'expliquer autrement.

---

[281] *L'avènement de Bonaparte*, t. I, p. 118 et suiv.

[282] P. BOURGET. *Témoignage de l'expérience*.

[283] Ch. De Larivière. *Catherine II et la Révolution Française*, p. 175.

[284] P. Lasserre. *Ernest Renan*.

[285] Barthou : *Mirabeau*, p. 157.

Quant à Sieyès il reçut le portrait du roi de Prusse, estimé au chiffre plutôt exagéré de 100.000 écus[286].

Mallet du Pan citait un mot de Sieyès à propos de ces négociations : « Il faut à la France un changement de religion et de dynastie »[287].

Il ne faut pas oublier que la loge maçonnique la stricte observance templière réformée d'Allemagne, à laquelle se rattachaient la majorité des parlementaire Français, avait pour grand maître le duc Ferdinand de Brunswick. En outre le rite Ecossais prenait le mot d'ordre à Berlin. C'est ce qui explique que la candidature du prince Prussien ait pu être prise au sérieux.

Un concitoyen d'Éphraïm joue aussi un rôle important dans la Révolution Française, le Baron Anacharsis Cloots que les faubourgs s'obstinaient à appeler Canard six. Juif Prussien, jouissant de plus de cent mille livres de rentes, très répandu dans le monde politique, Cloots ferait de nos jours partie du « Tout Paris des premières ».

Il avait commencé par voyager pour s'instruire. Il se lia à Londres avec Burke, en Hollande avec Castriotti qui se faisait appeler Prince d'Albanie. Tout à coup il découvrit que Castriotti était un simple chef de brigands, condamné à mort par contumace dans son pays. Ayant failli être mis en prison avec son ami, Cloots cessa de s'occuper de la question d'Orient et vint à Paris en 1784. Il se mit à prononcer des discours révolutionnaires. C'était prématuré, le chambardement n'étant pas encore préparé ; Aussi le lieutenant de police Lenoir le pria-t-il poliment de retourner en Prusse.

Mais au moment de l'ouverture des États généraux,

---

[286] Buchez et Roux. *Histoire parlementaire*, t. XXXVIII, p. 105.

[287] Lady Blennerhasset. *Mme de Staël et son temps*, p. 105.

Anacharsis Cloots se réinstalle à Paris, comme tous les étrangers. Franc-maçon militant il est un des promoteurs du mouvement anticatholique. Il ne pouvait parler d'un prêtre sans entrer aussitôt en fureur [288]. Traité par Marat et Camille Desmoulins de mouchard Berlinois[289], il acquit néanmoins assez rapidement une grande influence grâce à ses cent mille livres de rentes. Cloots prit une part active à la préparation du 10 Août, mais en homme avisé il se garda bien de s'exposer aux coups. Son panégyriste, Avenel, raconte qu'il « lança ses deux domestiques sans-culottes dans le flot insurrectionnel. Quant à lui, il courut à l'Assemblée pour n'être qu'à deux pas de la fête, peut-être même pour respirer l'odeur de la poudre et recevoir le baptême du feu en cas qu'un boulet égaré trouât la voûte de la salle. »

Ayant respiré de très loin l'odeur de la poudre, il sortit de l'Assemblée en même temps que Louis XVI et monta la garde dans la cour du Manège pour empêcher que le roi ne fût délivré.

La nuit suivante, Cloots revient à la barre de l'Assemblée, entouré de fédérés prussiens, parmi lesquels on remarque le colonel Guerresheim, et prononce un discours patriotique dont l'envoi est décrété aux 83 départements et à l'armée.

Avec de si beaux états de service, on ne s'étonne plus de voir Cloots nommé député par les départements de l'Oise et de Saône-et-Loire.

Il avait déjà été chargé du rapport des comités diplomatique et de la guerre[290]. Il devint président du club des Jacobins au moment même où le décret contre les étrangers venait de paraître. Il écrivait auparavant à Dumouriez : « Écrase les ennemis du

---

[288] Louis BLANC. *La Révolution Française,* t. IX, p. 474.

[289] Avenel. *Anacharsis Cloots*, Ch. I.

[290] *Archives nationales*, A. D. XVIII, 17.

dehors pendant que j'écraserai les ennemis de l'intérieur »[291].

Dînant chez Roland au moment des massacres de septembre, il approuve la « vengeance populaire »[292]. Mme Roland observe qu'il ennuya plus d'un auditeur par ses discours, mais elle ne mentionne aucune protestation.

Il est difficile d'affirmer si Anacharsis Cloots fut un agent direct du gouvernement prussien, ou seulement un collaborateur du syndicat occulte qui dirigeait notre Révolution. Il se disait brouillé avec son pays, mais il était en correspondance avec le duc de Brunswick[293].

Était-il fou ou posait-il pour l'originalité, on n'en sait rien non plus.

L'un des organisateurs de la fête de la déesse Raison à Notre-Dame, il va une nuit avec Pereyra réveiller l'évêque Gobel pour lui persuader d'abjurer. S'intitulant « l'orateur du genre humain », Cloots déguise un jour des vagabonds en Turcs, Indiens, Persans, etc., et les amène à la Convention pour demander la république universelle. On connaît l'éloquente conclusion de son célèbre discours : « Mon cœur est Français et mon âme est sans-culotte. »

Cloots avait trouvé un moyen d'arrêter l'invasion de 1792 : il proposait que l'armée française, mise en présence de Prussien et des Autrichiens, « s'avançât vers eux sur un pas de danse exprimant l'amitié »[294]. Malheureusement, les généraux

---

[291] *Id.*, F. 7, 4649.

[292] De la Gorce : *Histoire religieuse de la Révolution.*

[293] *Archives nationales*, F. 7, 4438.

[294] T. De WYZEWA : *Excentriques et aventuriers*, p. 165.

s'opposèrent à cet essai.

Cloots, Paine et Robert, tout trois étrangers, sont les premiers qui parlent de république, alors que pas un Français n'y songeait. Dès le 21 avril 1792, l'orateur du genre humain fait à la barre de l'Assemblée l'apologie de cette forme de gouvernement.

Anacharsis Cloots travailla activement à faire condamner Louis XVI à mort. Après le 21 janvier, il écrivait à un ami : « Je voudrais laver dans le sang du dernier des tyran mes mains baptisées dans le sang de Louis XVI »[295].

Malheureusement, pendant la Terreur, la popularité d'Anacharsis Cloots fut démolie par Robespierre qui se méfiait, disait-il, d'un sans-culotte ayant cent mille livres de rente. Ayant laissé échapper ces paroles : « mon disciple Robespierre oublie les leçons de son professeur », il s'attira l'apostrophe suivante : « Cloots lu passes ta vie avec les agents et les espions des puissances étrangères. » Déjà Brissot, après avoir été son ami, avait écrit dans le *Patriote Français :* Beaucoup de méchanceté, une marche variable, un but inconnu, voilà Cloots[296].

Il avait osé un jour faire preuve d'indépendance vis-à-vis de la franc-maçonnerie en s'opposant à la proposition de réserver toutes les charges publiques uniquement aux francs-maçons[297].

Cloots prétend avoir lutté au comité diplomatique « contre la faction Anglaise qui y prédominait ». Néanmoins, il fut arrêté comme complice de Pitt, avec Hébert, Ronsin, Chabot, Fabre ·d'Églantine, Momoro, Chaumette et Gobel[298]. Ils projetaient,

---

[295] Richter : *Cloots.* Cet ouvrage, édicté à Berlin, n'a pas encore été traduit.

[296] *Archives nationales*, A. D. XVIII I 17.

[297] F. Caussy : *Choderlos de Laclos*, p. 158.

[298] L. Madelin : *La Révolution Française*.

prétendit-on, de donner la dictature au maire de Paris, Pache.

Les scellés furent posés chez Cloots, les papiers suspect furent mis à part ; les procès-verbaux énumèrent toute sa garde-robe : douze paires de chaussons, un plat à barbe, sept boutons d'habit, une paire de boutons de manches, etc.[299]. Pas un mot de sa correspondance avec la Prusse et l'Angleterre. Ce serait pourtant intéressant !

Cloots fut condamné et guillotiné.

Quelques autres Prussien ont joué dans la période révolutionnaire un rôle plu effacé. Le pasteur Bitaubé, né à Kœnigsberg, était un littérateur de talent. Sa traduction *d'Homère,* quelques poème et divers ouvrages, le firent arriver à l'Académie de Berlin. Méhul a mis en musique son poème de *Joseph.*

On se demande pourquoi Bitaubé se trouve à Paris, au début de la Révolution, membre du club des Jacobins, vivant dans le milieu de Cerutti et de Ximénes, offrant souvent à dîner à Robespierre.

Le général Thiébault se retrouvait à sa table le jeudi soir avec Chamfort et Hélène Williams, anglaise enthousiaste de la Révolution.

Tandis que les littérateur français sont proscrits[300], on propose

---

[299] *Archives nationales*, F. 7, 2507, et F. 7, 4649.

[300] Louis Blanc ayant attribué à la. Révolution la gloire d'avoir fondé l'Institut, il est bon de rappeler la création de cinq académies par Louis XIV : l'Académie Française, l'Académie des inscriptions et belles-lettres, l'Académie des sciences, l'Académie de peinture et de sculpture, et l'Académie d'architecture : Elles furent toutes supprimées par la loi du 8 Août 1793, que Michelet et L. Blanc passent sous silence. Presque tous les académiciens furent proscrits. Voir BIRÉ : *Légendes révolutionnaires.*

à la Convention de voter une pension à Bitaubé. Kéralio lui écrit : « Il faut que Brissot, Carra, tous les amis que vous avez à la Convention, élèvent la voix pour cet acte de justice »[301].

Arrêté pendant la Terreur, Bitaubé fut remis en liberté le 9 thermidor. Son rôle politique est peu connu, il devait ans doute collaborer avec ses ami Jacobins. Une lettre mystérieuse expédiée de Londres par Francfort, le 24 mai 1793, semble avoir trait à des menées révolutionnaires et exprime l'espoir que Bitaubé comprendra les abréviations. Les autres documents le concernant ont disparu des archives.

Bitaubé devint, en l'an VI, président de l'Institut.

La Baronne d'Aelders, fille d'un aubergiste de Groningue, était un agent secret du gouvernement Prussien. Dans les dernières années du règne de Louis XVI, elle fonda à Paris un club de femmes révolutionnaires, « *les amies de la vérité* ». Protégée par Condorcet, Mme d'Aelders était du dernier bien avec Basire, député de Dijon. Ce Jacobin était assez humain : il proteste contre les massacres de septembre et retarde la mise en jugement des Girondins après les avoir accusés. Comme « il ne savait rien refuser aux femmes »[302], il est probable que c'est Mme d'Aelders qui l'a poussé à attaquer le roi, la cour, Lafayette, etc.

Arrêtée après l'émeute du Champ de Mars, Mme d'Aelders fut bientôt remise en liberté, grâce à de hautes influence. Elle fut de nouveau emprisonnée le 5 messidor an II, et les scellés furent mis sur l'entresol qu'elle habitait 11, rué Favart. Le comité de sûreté générale donna l'ordre d'extraire de ses papiers les correspondances suspectes ; les commissaires déclarent avoir mis lesdits papiers « dans une housse de fauteuil que nous avons fisselée, et avons mis le cachet de notre comité sur les deux bouts

---

[301] *Archives nationales,* F. 7, 4601.

[302] *Grande encyclopédie.* Article de M. AULARD sur Basire.

et avons fait porter le tout à notre comité »[303].

Malheureusement ces papiers ont disparu comme tous ceux des agents de l'étranger.

G. Forster, fils d'un pasteur de Dantzig, accompagna Cook autour du monde, fut tour à tour alchimiste, professeur à l'université de Vilna, et bibliothécaire à l'université de Mayence. Franc-maçon Rose-croix, membre du club des Jacobins de Mayence après la conquête de cette ville, admirateur passionné de la Révolution Française, Forster était en correspondance suivie avec Lebrun-Tondu et quelques-uns de nos hommes politiques. Il annonça, le 5 juin 1792, le prochain renversement de la royauté. En 1793, il est fixé à Paris, prend la parole à la Convention, dîne avec Merlin de Thionville, Théroigne de Méricour, Lecouteulx de Canteleu, Rewbell, Lecointre, etc.

Il est nommé commissaire du conseil exécutif en juin 1793, et le ministère des Affaires étrangères lui confie deux missions, en Flandre et en Franche-Comté[304].

Ami de Thomas Paine et de Miss Williams, il devient contre-révolutionnaire après la Terreur, comme son compatriote Adam Lux : celui-ci, après être lancé dans le mouvement Jacobin, prit la défense de Charlotte Corday et fut pour ce motif condamné à mort.

Schlabrendorf, né en Silésie, fut si absorbé par la Révolution qu'il oublia, pendant plusieurs années, de donner congé de la maison qu'il avait louée à Londres avant de s'installer à Paris. Très riche, il occupait pendant la période révolutionnaire un modeste logement où il recevait un grand nombre d'amis.

---

[303] *Archives nationales*, F. 7, 4659.

[304] Chuquet : *Études d'Histoire*, 1ère série, p. 234.

Il continua à conspirer sous le Consulat sans faire parler beaucoup de lui.

Le docteur J. Eric Bolmann (Hanovrien) s'installa à Paris chez un oncle, sujet Anglais. Il dit avoir été poussé malgré lui, à coups de piques, au milieu de l'insurrection du 10 août. Dégoûté alors de Paris, il partit en sauvant Narbonne grâce à un passeport anglais, sur la prière de Mme de Staël[305].

Citons encore Trenck, qui sacrifia sa fortune pour « la satisfaction d'habiter sur la terre de la liberté »[306], le tailleur Nestch qui fit partie d'un complot pour assassiner Lafayette, le rabbin Hourwitz, ami de Fauchet et de Clavière, Aelsner, Campe, Huber, Ancillon, Archenholz, Goy, Eschim Portaek, membre du Club des Jacobins.

En résumé, le rôle de la Prusse est surtout important au début de la Révolution. Après le renversement de la monarchie Française, le cabinet de Berlin passe la main au gouvernement Anglais.

Il semble d'ailleurs que ces deux puissances aient associé leurs efforts contre Louis XVI. Lors du changement de ministère du 12 juillet 1789, l'ambassadeur d'Angleterre en France, après avoir immédiatement envoyé un courrier à son gouvernement, se hâla d'en expédier un autre auprès du roi de Prusse. Aussitôt l'arrivée de ce courrier, « un Comité extraordinaire a été réuni ; le prince Henri n'y a pas été appelé... La Cour voudrait que les troubles de France fûssent plus graves et d'une éternelle durée »[307].

---

[305] LADY BLENNERHASSET : Mme *de Staël et son temps,* t. II, p. 158 et suiv.

[306] Avenel : *Anarchasis Cloots*, p. 182 et suiv.

[307] *Archives des Affaires étrangères.* Correspondance de Berlin, Juillet, 1789.

La raison de l'exclusion du Prince Henri de Prusse était sa sympathie pour la France, signalée par tous ceux qui l'ont approché.

Lorsqu'il fut question de mettre le duc de Brunswick sur le trône de France, le gouvernement Britannique ne s'y opposa pas ; il ne croyait pas au succès de la candidature du duc d'York. Brunswick, beau-frère du roi d'Angleterre subissait son influence. Dès 1876, Mercy Argenteau signalait à Kaunitz les subsides versés à Brunswick par le cabinet de Londres, et en 1789, Moustiers affirmait que l'entourage du roi de Prusse était vendu à l'Angleterre.

Mais nos hommes d'État n'ont jamais pris au sérieux les agissements secrets des gouvernements étrangers à Paris. Nous en avons un exemple trop récent pour être oublié : on sait avec quel scepticisme fut accueilli en 1914 le volume de M. Léon Daudet, « l'Avant-Guerre ». Il semble que la Révolution Française ait été préparée avec la même habileté que l'invasion récente des barbares d'outre-Rhin.

CHAPITRE IX

LES AGENTS ANGLAIS

Parmi les étrangers qui envahissent la France en 1789 et travaillent à la Révolution, les Anglais sont de beaucoup les plus nombreux ; mais, à part quelques exceptions, ils se dissimulent plus habilement que les autres.

Voici quels sont les principaux :

Au milieu des révolutionnaires cosmopolites on remarquait un caractère plutôt sympathique, un philosophe charitable et dévoué à ses amis, Thomas Paine (ou Payne), qui eut le courage de parler à la Convention contre la mort de Louis XVI.

Employé des douanes Anglaises, Paine s'était fait révoquer ; il s'établit marchand de tabac, puis fabricant de corsets, puis épicier. Ne voyant pas venir la fortune, il s'engagea en Amérique et fut nommé aide de camp du général Greene. Chargé de négocier un emprunt à Paris, il reçut à cette occasion d'importantes gratifications du gouvernement Américain. Il augmenta alors sa fortune en construisant des ponts. Tout à coup il se découvrit la vocation littéraire et se mit à écrire des pamphlets.

Arrivé à Paris en 1787, Paine devait repartir l'année suivante, mais, dit-il ; « le désir de contribuer de tout mon pouvoir à la Révolution Française me fit différer mon retour… Le plan que je proposai pour le grand ouvrage est encore dans les mains de

Barère[308] ». Ainsi en 1788, Paine savait que la Révolution allait éclater.

Il est l'auteur de la Déclaration des Droits de l'homme, ainsi que de l'adresse attribuée au colonel du Châtelet concluant à la suppression de la monarchie. Cette déclaration, dont nos démocrates sont si fiers, est donc l'œuvre de l'Angleterre.

Paine fonda avec Pétion, Lafayette et Buzot, un club qui se réunit chez Condorcet et travailla au mouvement révolutionnaire.

En Juillet 1791, Paine retourne à Londres parce que Lafayette, n'ayant pas à l'employer à Paris, le charge de porter à Franklin la clef de la Bastille[309]. Mais il est mal reçu par ses concitoyens à cause des opinions républicaines qu'il professe, et revient s'installer définitivement à Paris. Une entrée triomphale lui avait été préparée à son débarquement à Calais. Les soldats faisaient la haie sur son passage ; les officiers l'embrassent et le conduisent à l'Hôtel de Ville, où il est encore embrassé par la Municipalité.

Paine fait partie du Comité chargé de préparer la nouvelle constitution. Nommé membre de la Convention par trois départements, l'Oise, le Puy-de-Dôme et le Pas-de-Calais. il inspire les articles de Brissot. Mme Roland signalait à Bancal la formation d'une Société républicaine dirigée par Paine. « C'est lui, écrit-elle en 1791, qui a fourni les matériaux du prospectus affiché ce matin de tous côtés »[310].

Un de ses amis, Wilkes, ayant été arrêté à Paris et condamné, avait une raison urgente et mystérieuse pour retourner quelques jours en Angleterre ; Paine lui obtint un sauf-conduit, en

---

[308] *Archives nationales*, F. 7, 2775.

[309] Lettre de Gower à Grenville.

[310] Correspondance de Mme Roland.

s'engageant à prendre la place de Wilkes dans sa prison Celui-ci revint et eut la chance d'échapper à la guillotine.

Mme Roland comparait la figure de Paine une mûre aspergée de farine. Comme il ne savait pas le français, ses amis lisaient ses discours à la Convention pendant que Paine faisait les geste. On voit que les séances de la terrible assemblée ne manquaient pas d'une certaine gaieté.

Paine habitait un vrai repaire de conspirateur Anglais, l'hôtel White, passage des Petit-Pères. On y trouvait Stone, Smyth, E. Fitz-Gerald, Yorke, le capitaine Monro, etc. On y buvait tellement sec que le brave Paine devint alcoolique.

Après les massacres, qu'il désapprouva, il conseilla de faire le procès de Louis XVI ; persuadé que le roi allait être assassiné, il se figurait le sauver ainsi. Il voulait le renversement de la Monarchie Française, mais la cruauté lui répugnait. En prenant à la Convention la défense du souverain, Thomas Paine expliqua que l'on devait témoigner de la compassion, parce que l'on ne peut voir en ce monarque « qu'un homme mal élevé comme tous ses pareils ».

Il est probable que la mauvaise éducation de Louis XVI l'empêcha de remercier son défenseur.

Après s'être opposé à la peine de mort, Paine proposa d'envoyer la famille royale en Amérique.

Dès lors Robespierre le déclara suspect. Paine s'était fait également un ennemi de Marat en dénonçant au Club des Jacobin ses projets de dictature. Il n'échappa donc pas aux proscriptions. Paine se cacha d'abord sous la protection de Samson, l'exécuteur des hautes œuvres, mais on finit par découvrir cette cachette ingénieuse. Les policiers chargés de l'arrêter racontent que les recherches ayant creusé leur estomac, ils commencèrent par déjeuner ; puis ayant découvert l'inventeur de la Déclaration des droits de l'homme, « nous n'avons pu, disent-ils, nous faire entendre de lui étant amériquain ; pourquoi nous avons prié le principal locataire de ladite maison de vouloir bien nous servir d'interprette... Ne voulant laisser aucun louche de la conduite que nous avons tenu..., nous avons requis l'ouverture de toutes les armoires »[311].

Mais, après un examen scrupuleux, les papiers de Paine ne parurent rien contenir de suspect ; ce qui ne l'empêcha pas d'être mis à la prison du Luxembourg. Il dut la vie à un heureux hasard, à moins que ce hasard n'ait été aidé par le Syndicat Anglo-Prussien — car il est à remarquer que les étrangers sortaient toujours plus facilement de prison que les Français. Chaque jour, le geôlier du Luxembourg marquait à la craie les cellules des détenus qui devaient être exécutés le lendemain. Paine fut compris dans une liste de 160 condamnés, mais la porte de sa cellule était ouverte parce qu'il avait la fièvre ; la croix blanche fut marquée sur la face intérieure de la porte. Le soir, la cellule étant refermée, la croix ne se trouva plu visible de l'extérieur[312]. On ne compta le lendemain matin que 159 condamnés au lieu de 160. Paine fut donc sans doute remplacé au hasard par le premier venu.

Ne se doutant peut-être pas du danger auquel il avait échappé, le prisonnier écrivait dans toutes les directions afin de protester contre sa détention. « Robespierre, déclarait-il à la Convention, était mon ennemie invétéré, comme il l'était de tous les hommes de vertu et d'humanité. » Enfin, au bout de huit mois, Paine fut remis en liberté grâce à plusieurs interventions (13 Brumaire, an III).

Après cette alerte il semble avoir joué un rôle plus effacé. Il

---

[311] *Archives nationales*, F. 7, 2775.

[312] Fortiolis : *Un Anglais membre de la Convention*, Revue hebdomadaire, 1914.

cesse d'aller à la Convention, mais d'après Bourdon, « il intrigue avec un ancien agent des affaires étrangères, Louis Otto ». On ne trouve pas trace ensuite de ses rapports avec le Gouvernement Britannique.

Sous le Directoire, Paine ne fait pas parler de lui. En 1802, il part pour l'Amérique, enlevant la femme d'un journaliste de ses ami. Il mourut alcoolique en 1809.

Son concitoyen W. A. Miles, agent de Pitt, exerçait une certaine influence sur nos ministres, ainsi que le prouve cette lettre de Lebrun-Tondu : « Il me manque dit-huit louis pour l'acquittement d'une lettre de change. Ne pourriez-vous pas joindre à tous les sujets de gratitude que je vous dois ce nouveau bienfait ? »

Le Révérend Ch. Miles, en publiant la correspondance de son aïeul, s'est étonné de la disparition des lettres de W. A. Miles à Pitt de 1790 à 1793. « Ce devaient être, observe-t-il, les plus intéressantes ». N'est-ce pas précisément parce qu'elles étaient trop intéressantes que le gouvernement Anglais n'a pas voulu les laisser entre les mains des héritiers de son agent ?

Miles dit avoir été envoyé à Paris en secret pour le même motif que son ami Hugh Elliot.

Holland Rose, dans l'histoire de Pitt, explique que leur mission avait pour but « d'agir sur les démocrates Français ».

Au moment où Pétion introduisait Miles au Club des Jacobins, il demeurait 113, faubourg Saint-Honoré ; il était en rapports fréquents avec Barnave, Mirabeau, Lafayette, Frochot, etc. Malheureusement les lettres de Miles qui ne contiennent rien de compromettant, ont seules été publiées. Il annonce à Pitt, dès le mois de septembre 1790, que la monarchie sera bientôt abolie en France. Or, à ce moment, il n'y a pas un seul député qui ne soit monarchiste et pas un Français ne se dit républicain.

La correspondance de Miles prouve qu'il a une piètre idée de ses amis les Jacobins : « Rien de bon ne peut être attendu d'un tel assemblage de voleurs, assassins, etc. » (5 janvier 1791). « Si vous attribuez la Révolution à un sentiment vertueux ou à un effort courageux, vous vous trompez. » (18 mars 1791). Miles se plaint à celle époque que sa correspondance soit interceptée, aussi ses lettres deviennent-elles plus banales[313].

Au XIXe siècle, plusieurs arrière-petits-fils de Miles sont devenus Français ; le plus connu est M. Waddington, ambassadeur.

Hugh Elliot, collaborateur de Miles, était beau-frère de Lord Auckland. Ancien condisciple de Mirabeau à la pension Choquart, il fut chargé spécialement d'exercer sur le célèbre orateur une influence favorable à l'Angleterre[314].

Hugh Elliot écrivait à Pitt, le 26 octobre 1790 : « Je ne puis confier au papier le récit de mes conversations secrètes avec divers personnages politiques. Mais j'ai toute raisons de croire que, plus que n'importe qui, je suis maître des événements »[315].

Des allusions indiquent que Mirabeau et d'autres ne refusèrent pas l'argent Anglais, mais Holland Rose ajoute : « Nos deux envoyés furent assez discrets pour donner peu de détails dans leurs lettres. »

Dracke, espion anglais, assistait aux séances secrètes du Comité de Salut public et en rendait un compte exact à Lord Grenville. Le 2 septembre 1792, il lui annonce que dans la soirée

---

[313] Miles servait d'intermédiaire entre Danton et le ministère Anglais, notamment à l'occasion du procès de Louis XVI.

[314] Pallain : *Mission de Talleyrand à Londres*, p. 234.

[315] Hollland Rose : *William Pitt*, p. 581. Cet ouvrage n'a pas encore été traduit en Français.

on a désigné 2250 suspects à arrêter. On a décidé la mort de Marie-Antoinette et de Brissotins, et 500.000 francs ont été remis à Pache pour fomenter une émeute dans les premiers jours de septembre[316].

M. Aulard émet l'opinion que Dracke a transmis seulement les renseignements concernant la politique extérieure. Mais si les secrets de notre diplomatie lui étaient confiés, pourquoi lui aurait-on caché les affaires intérieures ? Billaud Varennes et Hérault de Séchelles se sont mutuellement accusés de cette trahison. Ils pouvaient avoir raison tous les deux, car Hérault de Séchelles emportait les dossiers diplomatiques pour les communiquer au fils du ministre Autrichien Kaunitz ; et Billaud Varennes envoyait secrètement à Venise et en Espagne les comptes rendus de ce qui se passait dans le milieu gouvernemental. Leurs noms furent encore prononcé lors de la prise de Toulon ; on saisit une correspondance d'un traître qui ne pouvait être que l'un des membres du Comité de Salut public[317].

Dracke ne paraît pas avoir été inquiété dans son métier pendant toute la période révolutionnaire ; il fut seulement poursuivi au moment du complot de Georges Cadoudal, car il était du nombre de ses auxiliaires.

Les Girondins se réunissaient le dimanche soir dans le salon d'Hélène Williams, amie de Mme Roland. Elle exerçait une grande influence sur Bancal, Brissot, Achille du Châtelet, Miranda, Lasource, Sillery, Girey-Dupré, Rabaut Saint-Etienne. Mme Roland voulait la marier à Bancal, mais la jeune Anglaise lui préféra son concitoyen Stone qui la suivait partout. Poussèrent-ils l'esprit révolutionnaire jusqu'à l'union libre, ou Hélène Williams ne permit-elle à Stone qu'un amour platonique,

---

[316] *Historical manuscripts commission* (Annexe I). *The manuscripts of J. B. Fortescue*, t. II, p. 457.

[317] Mathiez : *Histoire secrète du Comité de Salut public*.

nous n'avons pu le découvrir. Elle ne porta jamais son nom ; on s'est demandé s'ils étaient mariés secrètement. Mais un rapport de police au Comité révolutionnaire établit que la femme de Stone a 60.000 livre sterling de fortune (plus de 1.500.000 francs)[318]. Il est donc probable que Stone délaissait sa femme pour suivre Hélène Williams, mais ne divorça pas.

Arrêtée en octobre 1793, puis remise en liberté, Hélène Williams se réfugia en Suisse jusqu'au 9 Thermidor. De retour à Paris avec Stone, elle continua sans doute à faire de la politique, puisqu'elle fut encore arrêtée en 1802, à la suite d'une perquisition faite par la police dans ses papiers.

Stone, l'un des vainqueurs de la Bastille, était très lié avec Brissot, Pétion, M. et Mme de Genlis. Lors de son départ pour l'étranger, celle-ci confia ses papiers à Stone qui les remit à Hélène Williams. Apprenant que l'on allait perquisitionner chez elle, la jeune Anglaise brûla les papiers de Mme de Genlis.

Pour justifier sa présence à Paris, Stone fonda une imprimerie. Quand il était soupçonné de conspirer, il affirmait être complètement absorbé par son commerce. Il réussit à se faire nommer président du club des « Amis des droits de l'homme », et à acquérir une certaine influence.

Lord Stanhope écrivait à Grenville : « M. Stone et un Anglais qui connaît bien les ministre et les hommes considérables en France... Il pourra vous convaincre de leurs bonnes dispositions. »

Stone donnait des dîners avec Milnes et R. Smith, agents de Pitt. Dans une de leurs orgies, un Anglais, après de copieuses libations, donne un coup de poing dans la figure de Paine, puis se sauve épouvanté de son crime. Mais dès le lendemain il étaient

---

[318] *Archives nationales*, F. 7, 4778.

réconciliés[319].

Stone témoigne en faveur de Miranda. Arrêté deux fois et remis en liberté, il se réfugie en Suisse où il se retrouve avec Hélène Williams. Il revient avec elle après le 9 Thermidor.

William Stone, frère du précédent, poursuivi pour conspiration en Angleterre, puis acquitté, s'était fixé à Villeneuve-Saint-Georges en 1789, chez un compatriote, Parker. Les frères Stone affirment avoir versé, pour faire évader Sillery, 12.000 francs que Mme de Genlis refusa de leur rembourser.

La correspondance de Stone arrivait d'Angleterre sous le couvert d'Auguste Rose. Celui-ci prit part aux principales émeutes : dans le volume d'Alger sur le rôle des Anglais dans la Révolution Française[320], Rose est signalé comme un des dix « surveillants » de la Convention (one of the ten ushers, etc.). Chargé au 9 Thermidor de conduire Robespierre et ses partisans au Comité de salut public. Rose est arrêté par ordre de la Commune ; il bouscule ses gardiens et se sauve. Il s'efforce ensuite de passer inaperçu.

David Williams, qui n'était pas parent d'Hélène Williams, collaborait avec Roland et avec Brissot, qui traduisit son ouvrage sur la liberté. Naturalisé Français, il déclare en novembre 1792 qu'il « se rend aux vœux de sa nouvelle patrie et va contribuer à l'édifice de bonheur et de prospérité que la Convention doit élever »[321]. Pourtant, William ne goûtait qu'à moitié ses amis révolutionnaires, car il écrivait à propos des Conventionnels : « L'étourderie, l'insouciance et la saleté ne rendent pas un législateur recommandable. »

---

[319] *Archives nationales*, F. 7, 4778.

[320] *Englishmen in the French revolution* (Alger).

[321] *Archives des Affaires étrangères*, Londres, v. 583.

Les lettres de Mme Roland prouvent que la campagne des Girondins en faveur de la liberté de la presse a été dictée par Williams et le journaliste Anglais R. Pigott.

La société des Amis des noirs avait pour but apparent l'affranchissement des nègres, et pour objet caché la République universelle. L'un de ses principaux fondateurs est Robert Pigott, quaker anglais, ami de Roland et de Lanthenas. À côté de lui on trouve Clarkson, collaborateur de Mirabeau, et les noms bien Français de Wilberforce, Paine, Williams, Daer, fils du comte de Selkirk, Sharp et Grenville[322]. Soudoyée par l'Angleterre, la Société des Amis des noirs publie *l'Observateur,* journal dirigé par Faydel, ami de Laclos[323]. Pigott est l'inventeur du bonnet rouge. Le 10 février 1790, l'Assemblée nationale vota l'impression de l'un de ses discours.

Deux autres Pigott travaillent également à la Révolution : l'un est un magistrat de Shropshire ; l'autre, un pamphlétaire, John Pigott, signalé quelquefois sous le nom de Jean Picotte, fut arrêté en 1793 et remis en liberté l'année suivante.

Pourquoi Benjamin Vaughan vivait-il à Passy sous le nom de Jean Martin ? Pourquoi allait-il fréquemment voir Robespierre en secret ?[324] Fils d'un riche marchand Anglais, il avait épousé Mlle Manning, de la famille du cardinal, il devait donc avoir une assez bonne situation à Londres où il prétendait éprouver des ennuis à cause de ses opinions politiques. Après avoir prononcé à Nantes une série de discours, B. Vaughan collabore en 1791 avec la Société des *Amis de la Révolution.* En outre de Robespierre, quatre ou cinq personnes seulement connaissent

---

[322] Il faut y ajouter le banquier Kornmann, membre de la Commune et célèbre par ses infortunes conjugales.

[323] DARD : *Choderlos de Laclos.*

[324] M. Mathiez (*Annales révolutionnaires de Février 1917*) nie l'intimité de Vaughan avec Robespierre ; mais elle est affirmée par Barère.

l'identité de Vaughan (l'évêque Grégoire, Hamilton Rowan, etc.). Arrêté en 1794, le faux Jean Martin faillit être mis à mort comme agent de Pitt. Mais après un mois de détention, il obtint du Comité de Salut Public un passeport pour la Suisse.

Le poète Barlow faisait, en Savoie principalement, de la propagande révolutionnaire, pendant qu'Alfieri chantait la prise de la Bastille, et que Klopstock glorifiait la Révolution Française.

Pendant l'hiver de 1792, un navire Anglais appartenant à Martin Milleth aborde au port de Boulogne. Le lendemain le capitaine et tout l'équipage ont disparu[325]. La police fait des recherches et ne découvre rien. Personne ne sut ce qu'il étaient devenus, excepté Pitt qui leur avait évidemment distribué à chacun leur besogne.

Watt, fils du célèbre inventeur, et son ami le droguiste Th. Cooper, sont les organisateurs d'une manifestation en l'honneur des soldats révoltés de Châteauvieux. Amis de Marat, ils approuvent le 10 Août, donnent 1.300 francs pour les familles des patriotes blessés pendant l'insurrection, mais se permettent de blâmer les massacres. Robespierre en profite pour les dénoncer comme agents de Pitt. Watt se sauve en Italie et Cooper en Amérique.

J. Oswald, pamphlétaire el poète, ami de Brissot, est l'un des fondateurs de la *Chronique du mois*. En mars 1792, il met des placards dans le faubourg Saint-Antoine pour réclamer la distribution de piques à tous les citoyens et la suppression des armées permanentes.

Chargé d'organiser un régiment de fédérés, Oswald fut envoyé en Vendée et tué à la première bataille, probablement par ses troupes, car il s'était rendu intolérable et ses soldats le

---

[325] *Archives nationales*, D. XXIX.

détestaient.

La Luzerne, ambassadeur à Londres, signale un agent de Pitt à Paris dan l'entourage du Duc d'Orléans : un nommé Forth, qui fait de fréquents voyage entre la France et l'Angleterre[326]. Trois membres de la Commune de Paris correspondent avec Choderlos de Laclos, l'homme de confiance de Philippe Égalité, par l'intermédiaire de Forth. Celui-ci rendait fidèlement compte à Pitt des faits et gestes du Duc d'Orléans. Il avait pour collaborateur Smith, Clarke el Shee.

Mathews, agent secret du gouvernement Anglais, change de nom lorsqu'il est soupçonné à Paris. Il a une correspondance fréquente avec nos hommes politiques. Le Comité de salut public paie un jour quinze mille livres dues par Mathews à son hôtelier[327]. Dans l'état où se trouvaient les finances françaises, cette libéralité semble bien extraordinaire !

Le 7 septembre 1793, Mathews demande à Danton un passeport de sûreté parce qu'il n'est pas tranquille. Il avait raison, car son arrestation avait été décidée la veille. Otto avait couru le prévenir, mais l'avait manqué. Mathews fut donc arrêté et la police mit sous scellés une importante correspondance avec Danton, Hérault de Séchelles, etc. Une lettre du 19 septembre rappelle au ministre : « Vous me promîtes que je serai incessamment relâché ». Nous ignorons si le ministre tint sa promesse.

C'est en grande partie l'influence de Mathews qui fit entrer l'Allemand Reinhardt à notre ministère des Affaires étrangères ; il y devint d'ailleurs un diplomate habile.

Les banquiers Boyd et Kerr avaient fait la connaissance des

---

[326] *Archives des Affaires étrangères*, Londres, v. 588.

[327] *Archives des Affaires étrangères*, France, v. 1408.

Génevois révolutionnaires, au moment où les réfugiés de 1782 reçurent un million du gouvernement Anglais. Installés à Paris en 1789, rue d'Amboise, puis rue de Grammont, ils se lancent dans la politique et sont en rapports d'affaires avec Philippe Égalité. Ils servent d'intermédiaires pour salarier quelques meneurs de la Révolution Française ; ils font partie du Club de Valois.

Les scellés ayant été mis sur la banque de la rue de Grammont, Boyd dut payer 200.000 livres pour les faire lever ; puis il jugea prudent de vendre et de se réfugier en Angleterre. Il fut alors chargé par Pitt de plusieurs missions secrètes.

Après la mort de Louis XVI, Boyd et Kerr s'associent au complot de Jean de Batz, et pour ce motif, sont condamnés le 29 Prairial, an II. Les rapports du Comité de Salut public affirment que Boyd et Kerr sont agent directs de Pitt[328].

Les Frey et Chabot s'efforcèrent de faire lever les scellés mis sur leurs papier. Robespierre s'y opposa, mai Batz y réussit par l'entremise de Luillier, et fit disparaître tout ce qui avait trait à ses complot. Boyd était proche parent du membre du Parlement Anglais qui portait son nom.

Nous avons déjà fait remarquer que le Comité révolutionnaire de la Commune était presque entièrement composé d'étrangers : le Suisse Pache, les Italiens Pio et Dufourny, l'Espagnol Guzman, l'Anglais Arthur[329], etc. J.-J. Arthur est signalé dans les carnets de Robespierre parmi les patriotes assez habiles. Il devait avoir une belle situation de fortune, car il était propriétaire de la maison située en face du pavillon de Hanovre, ainsi que le prouve

---

[328] *Archives nationales*, W. 389, n° 904.

[329] Arthur était né à Paris de père Anglais (V. Mathiez, *La Révolution et les étrangers*).

un procès qu'il soutenait contre la famille de Richelieu.

J.-J Arthur était lié avec Pache, Marat, et la bande Proly, Gusman, Frey, etc. Président de la Section des Piques, il prépare l'émeute du Champ de Mars. Membre du Comité central de la Commune de Paris, il prend souvent la parole au Club des Jacobins ; il témoigne contre Danton et Clavière, à la demande de Robespierre ; il fait partie du Comité nommé pour soutenir l'Incorruptible contre la Convention. On sait que Robespierre ne cessa de dénoncer la *faction de l'étranger.* Or son Comité comptait cinq étrangers sur huit membres, et ce détail put faire douter de l'indépendance de Robespierre.

Arthur fut guillotiné le 12 Thermidor.

Dobsent (ou Dobsen), président du Tribunal révolutionnaire ; était aussi d'origine Anglaise. C'est lui qui avait organisé l'insurrection du 31 mai. Ami de Lazowski et de Desfieux, Dobsent fréquentait la bande de Proly et Pereyra. La chûte des Girondins fut préparée à leurs réunions du Café Corazza[330]. Arrêté d'abord avec les Hébertistes, et de nouveau après l'émeute du 1ᵉʳ avril 1795, Dobsent prend part aux menées Jacobines de 1799 et réussit toujours à se tirer d'affaire. Il est nommé juge sous l'Empire, quoique son dossier porte : « Talens médiocres, en dessous des fonctions qu'il aurait à exercer, etc. »[331].

Le comte Charles Stanhope, membre de la Chambre des pairs d'Angleterre, était beau-frère de Pitt par son premier mariage et gendre de Grenville par sa seconde union. Après avoir passé sa jeunesse à Genève où il connut les révolutionnaires Suisses, Stanhope devint l'un des chefs de la maçonnerie Anglaise. À ce titre il devait s'intéresser à la Révolution Française, et en effet il

---

[330] A. Schmidt : *Paris pendant la Révolution, d'après les rapports de la police secrète*, p. 149 et suiv.

[331] *Archives nationales*, F. 7, 6504.

joua un rôle important à la loge des Amis Réunis, qui prépara la chûte de la Monarchie[332].

Stanhope avait de fréquentes entrevues avec Philippe Égalité et le berçait, sans aucun doute, de l'espoir d'un changement de dynastie. Une fois le trône renversé, Stanhope se désintéressa de la France et se remit à travailler les sciences. Il inventa des machines à faire les additions et les soustractions, et laissa un volume sur l'électricité.

Un autre savant Anglais apporta son concours au complot de 1789 : Priestley, né dans le Yorkshire, était professeur de physique et chimie ; après avoir fait un riche mariage, il devint pasteur à Birmingham.

Le 26 août 1792, sur un rapport de Guadet, un décret donna la qualité de Français à un certain nombre d'étrangers, en raison de services rendus à la cause révolutionnaire, entre autres à Priestley, Paine, J. Bentham, Wilberforce, Th. Clarkson, Mackintosch, David Williams, Madison, etc.

Nommé membre de la Convention par deux départements, Priestley ne voulut pas siéger ; mais son influence était considérable, puisque Burges écrivait à Lord Auckland : « Priestley est considéré comme le principal conseiller du Ministère. On prend son avis dans toutes les occasions »[333].

Ayant voulu fêter le 14 Juillet avec ses amis à Birmingham, il eut la surprise désagréable de voir piller sa maison par la populace indignée de ses opinions révolutionnaires. Il jugea dès lors plus prudent de quitter définitivement l'Angleterre, et après un nouveau séjour en France, Priestley se fixa en Amérique.

---

[332] Un aïeul avait pris une part importante à la banqueroute de Law.

[333] Papiers de Lord Auckland, 4 septembre 1792.

Presbytérien, Priestley embrassa la religion d'Arminius, puis devint Arien, puis Socinien ; il resta toujours l'ennemi du catholicisme.

Priestley a laissé de nombreux et savants ouvrages. On lui doit la découverte de l'azote[334].

À côté de ces hommes illustres s'agitait une véritable armée de conspirateurs Anglais.

Ainsi Thomas Christie, d'une famille d'universitaires, devint ami intime de Danton et de Cloots.

Paul Waiworth est employé directement par le roi d'Angleterre[335].

Sheare, l'un des amoureux de Théroigne de Méricour, est, ainsi que son frère, ami intime de Roland et de Brissot.

S. Perry, journaliste, dîne avec Danton, Condorcet, Brissot et Santerre ; il témoigne en faveur de Marat.

Le pasteur Goodwin abandonna sa carrière pour s'occuper de la Révolution. Lié avec Paine, il laissa des ouvrages assez lus en Angleterre ; M. H. Roussin vient de lui consacrer un volume. Goodwin habitait plus Londres que Paris, tandis que sa femme habitait plus à Paris qu'à Londres ; il avait épousé Mary Wollstone-craft, qualifiée professeur dans divers documents.

Mme Wollstonecraft-Goodwin attaque violemment Marie-Antoinette, même après sa mort ; elle est si exaltée dans ses idées révolutionnaires que Horace Walpole l'appelait une « hyène en jupons ». Un de ses amis, Hamilton Rowan, agitateur Irlandais

---

[334] Éloge de Priestley à l'Institut, prononcé par Cuvier.

[335] *Archives des Affaires étrangères*, Londres, v. 577.

ami de Robespierre, quitte Paris aussitôt après l'arrestation de l'Incorruptible.

Lord Palmerston fréquentait ostensiblement les milieux révolutionnaires, pendant que Lord Camelsford, parent de Pitt et de Grenville, se dissimulait avec un passeport sous un faux nom.

L'aventurier Newton est nommé colonel de la première division de la Garde nationale.

Kerly, agent de la banque Herries, très assidu au Club des Jacobins, est dénoncé comme espion.

Quintin Cranfurd conspire avec Fersen pour sauver la reine ; on ne sait s'il commença, comme ses compatriotes, par conspirer contre la Monarchie.

Le Comte de Devonshire est commandant du district des Récollets.

Wendling (ou Wendlen) est membre du Comité insurrectionnel du 31 Mai[336].

Parmi les habitués du salon de Mme de Condorcet, on citait Lord Stormon, Lord Stanhope, Lord Dear, Jefferson, Bache, Franklin, etc., sans compter Anacharsis Cloots qui était amoureux de la maîtresse de maison[337].

L'Ecossais Swinton qui fonda avec Brissot le journal le *Patriote Français,* exerçait, d'après Louis Blanc, la profession

---

[336] *Actes de la Commune*, t. VII, p. 492.

[337] Michelet : *Les femmes de la Révolution.* A. Guillois : *La Marquise de Condorcet.* A. Guillois : *Le salon de Mme Helvétius.*

bizarre de « spéculateur en débauches »[338].

Un négociant anglais, Marshall, fonde en 1789 le journal révolutionnaire *l'Union*. Blackwood, arrêté pendant la Terreur comme agent de l'étranger, est sauvé par Chabot ; on soupçonne que ses guinées n'avaient pas été sans influence sur la bienveillance de Chabot[339].

H.-R. Yorke se vantait d'avoir à vingt-deux ans participé aux trois révolutions d'Amérique, de Hollande et de France[340]. Mais il devait se rajeunir, car s'il avait vingt-deux ans en 1789, il en avait seulement huit lorsqu'il fut condamné à la prison en 1775, et douze lorsqu'il épousa la fille de son geôlier en 1779. Lié avec Paine, il faisait partie du club des Amis des Droits de l'Homme, assistait aux séances de la Convention et fréquentait les principaux Jacobins. H. Yorke s'appelait en réalité Readhead. Dénoncé à la Convention à la fin de 1793 comme agent de l'étranger, il s'enfuit en Suisse. On connaît de lui un ouvrage intitulé *Lettres de France* ; ce sont des tableaux de la vie et des mœurs Françaises sous le Consulat[341].

Holcroft, successivement palefrenier, cordonnier, maître d'école, journaliste, acteur, auteur dramatique, se lance dans la politique après la mort de ses trois femmes. Il traduit en anglais les œuvres de Mirabeau. Holcroft était ami de Danton et allié à sa famille[342].

Smith est juge au tribunal révolutionnaire du Finistère ; O'Brien est juge à Saint-Malo. L'espion Ducket est secrétaire de

---

[338] Louis Blanc : *Histoire de la Révolution Française*.

[339] Vte de Bonald : *F. Chabot*, p. 138.

[340] L. Fortiolis : *Un Anglais membre de la Convention*.

[341] T. de Wyzewa : *Excentriques et aventuriers*.

[342] Sa fille épousa Mergès, neveu de Danton.

Léonard Bourdon.

Rutlidge (ou Rutledge) appartenait à une excellente famille Irlandaise. Il vient, sous Louis XV, s'amuser à Paris, puis débute dans la carrière des lettres par une tragédie en Français. Sous Louis XVI, il écrit dans la « Quinzaine Anglaise » et fait jouer des comédies qui ont peu de succès. Ruiné par un notaire indélicat, il ne peut se faire rendre justice ; peut-être est-ce ce malheur qui le jette dans le parti révolutionnaire. Auteur de brochures séditieuses, il est poursuivi à la fin de 1789 pour accaparement de grains et crime de lèse-nation. Enfermé au Châtelet, Rutlidge est alors qualifié de capitaine de cavalerie, bien qu'il semble n'avoir jamais appartenu à l'armée.

Remi en liberté l'année suivante, il prononce aux Cordeliers des discours socialistes. Rutlidge fit partie, on ne sait à quel titre, de l'administration de subsistances de Paris[343]. Poursuivi encore pour avoir provoqué la cherté des grains, il fut arrêté en même temps que Proly et Desfieux. Il passe pour être mort en prison en 1796[344]. La liste fort longue de ses ouvrages a été publiée par A. Franklin dans la « Vie de Paris sous Louis XVI. »·

Deux riches Anglais logeant hôtel Vauban, rue Richelieu, sous le nom de Milord d'Arck et de chevalier d'Arck, donnent des dîner somptueux et mystérieux auxquels assistent Robespierre, Pétion, Buzot, Prieur, Antoine, Rewbell et Brissot.

Un agent de Pitt, Stanley, est membre de la section Mucius Scœvola[345]. M. A. Mathiez suppose que le même personnage, sous le nom de Staley, servait d'intermédiaire entre Perrégaux et

---

[343] *Actes de la Commune de Paris*, t. III.

[344] *La vie privée d'autrefois* (Franklin).

[345] P. Caron : *Paris pendant la Terreur*.

le Foreign Office[346].

Faeding, agent du gouvernement Anglais à Calais, est intime d'Euloge Schneider.

On trouve le bottier Irlandais Kavanagh à la tête de pilleur d'armes le 13 juillet 1789 ; il prend part à toutes les émeutes et aux massacres de septembre. « Lâche devant le péril, il assassine lorsqu'il peut le faire sans danger »[347].

Mackintosh, médecin et avocat, ayant écrit une apologie de la Révolution, reçoit de l'Assemblée législative le titre de citoyen Français. Après avoir rapporté son concours à la Révolution, il continue à conspirer dans la suite ; en 1803, il est poursuivi pour provocation au meurtre du Premier Consul.

Denis de Vitré, fils d'un Canadien et d'une Anglaise, dirigeait une manufacture appartenant à Philippe Égalité. Membre des clubs révolutionnaire de Paris, Rouen et Montargis, il est dénoncé aux Jacobins le 16 décembre 1793 comme un agent de Pitt.

Ch. Macdonald est exécuté comme espion Anglais.

VV.-B. James, professeur d'Anglais, est l'un des vainqueurs de la Bastille ; il est nommé secrétaire du club des Jacobins. Un moment gardien de Louis XVI au Temple, il s'empare du fauteuil du roi pour l'empêcher de lire confortablement.

On comptait encore au nombre des vainqueurs de la Bastille Th. Blackwell ami intime de Danton, et W. Playfair, auteur d'un plan de fabrication de faux assignats pour ruiner le crédit de la

---

[346] *Annales révolutionnaires*, Août 1916.

[347] Alger : *Englishmen in the French revolution*, p. 200.

République.

Hoffmann, Volfmann et Cook paraissent être un seul et même individu figurant dans l'état des Hollandais pensionné par l'Angleterre.

Notre ministère des Affaires étrangères et en correspondance fréquente avec Archibald Mitchell, fortement soupçonné d'être un espion de Pitt.

Lord G. Gordon écrit en faveur de Cagliostro après l'affaire du collier, des articles où il insulte Marie-Antoinette. Poursuivi à celle occasion, il fut condamné à cinq ans de prison pour outrages aux magistrats Anglais. Celte mésaventure l'empêcha de venir en 1789 collaborer à Paris avec ses concitoyens. Gordon quitta le protestantisme pour embrasser la religion juive[348]. Le cas est assez rare pour être signalé.

Le baron d'Auerweck est dénoncé comme agent de l'Angleterre et de l'Autriche à la fois. Officier hongrois, il devint ingénieur en France ; il venait souvent à Paris sous le nom de Scheltheim.

Nous n'avons pu vérifier quelle attitude il eut en 1789. Mais dans la suite, il travailla avec Mme Atkins à faire évader les prisonniers du Temple et fit preuve de dévouement à la famille royale[349].

Il est difficile aussi d'apprécier le rôle de Lady Kerry. Deux fois veuve, remariée une troisième fois, elle donnait à jouer dans ses salons de Paris. La veille du 20 juin, la princesse de Lamballe, MM. de Lage et de Ginestous partirent de chez elle ayant perdu

---

[348] Burke : *Réflexions sur la Révolution Française.*

[349] F. Barrey : *Mme Atkins et la prison du Temple.*

jusqu'à leur dernier sou[350].

Richard Ferris est invité par le Conseil exécutif à venir en France et à y prolonger son séjour pour une opération utile au service de la République (21 août 1793).

Le capitaine Frazer, Walsh, Kerny et Mahew sont dénoncés par les rapports de nos agents diplomatiques comme agents de l'Angleterre.

Parmi les assidus aux séances des Jacobins, on remarquait J. Stanley of Alderley, Wendham, R. Watt, Wilson Huskisson, Pelham, le futur Lord Chichester, etc.

Parmi les collaborateurs des révolutionnaires, citons encore G. Lupton, P. Wentworth, S. Deane, Thomas, Muir, Melvile, O'Drusse, Ghym, Samson Pegnet, rédacteur d'un journal patriote, etc.[351]

Peut-on sérieusement prétendre qu'une telle quantité d'Anglais se soit réunie à Paris par l'effet du hasard afin de travailler au renversement de la monarchie ? À côté des aventuriers cherchant à profiter du désordre pour piller et voler, se trouvaient des officiers, des littérateurs, d'anciens fonctionnaires Anglais n'ayant rien à gagner personnellement à un changement de régime en France.

N'est-il pas plus vraisemblable de croire à un plan organisé et de conclure avec Robespierre : « ces étrangers qui s'efforcent de paraître plus républicains que les autres, ne sont en réalité que les

---

[350] R. Arnaud : *La Princesse de Lamballe.*

[351] *Archives nationales*, F. 7, 6468. *Archives des Affaires étrangères*, Londres, v. 587. Conway : *Paine.* Holland Rose : *W. Pitt.*

agents des puissances »³⁵².

À côté des agents anglais travaillaient un grand nombre d'hommes politiques Français, soupçonnés d'être à la solde de l'Angleterre. Sans doute il a pu être commode de se débarrasser d'un adversaire en le dénonçant comme agent de Pitt, et Robespierre a abusé de ce procédé de gouvernement ; mais trop souvent ses accusations paraissent fondées.

Chabot affirmait que la femme d'Hébert était un agent de Pitt³⁵³. On lit dans les mémoires de Louvet (page 9) que Chaumette était avec Marat l'un des principaux agents de l'étranger.

Lorsque Soulavie fut chargé d'affaires à Genève, il recueillit sur les agents de l'Angleterre un certain nombre de renseignements dont voici le résumé : « Marat a pris ses instructions à Londres... Clavière a été employé à détruire la monarchie en payant le Faubourg Saint-Antoine le 20 juin et les Marseillais et autres le 10 août... Les Troubles de Lyon ont été payés par l'Angleterre... Santerre était le distributeur des gratifications de Pitt. »

D'après le secrétaire du comité de sûreté générale³⁵⁴, Santerre est chargé de répartir les sommes données par Pitt. On trouva chez lui des lettres anglaises annonçant l'arrivée de plusieurs millions.

Dubois Crancé est complice de Dufourny³⁵⁵. Lucile Desmoulins passe pour recevoir de l'argent du gouvernement

---

³⁵² Séance de la Convention, 9 octobre 1789.

³⁵³ *Annales révolutionnaires*, Janvier 1914.

³⁵⁴ *Mémoires de Sénar*, p. 10. Cette accusation est confirmée par la correspondance diplomatique de Soulavie.

³⁵⁵ Buchez et Roux : *Histoire parlementaire*, t. XXXIII, p. 169.

Anglais. Tandis qu'Hébert dénonce Camille Desmoulins comme vendu à Pitt, les Hébertistes sont condamnés précisément pour le même motif. Presque tous les révolutionnaires se jettent à la tête la même accusation et l'on est amené à penser au proverbe : « Il n'y a pas de fumée san feu. »

D'autres personnages, sans être soudoyés par l'Angleterre, subissent son influence, peut être inconsciemment. Quelle négociation mystérieuse exige que Pétion fasse le voyage de Londres avec Sillery afin de conférer avec Pitt[356] ? Condorcet et Fox, Brissot et Sheridan sont en correspondance suivie. Brissot, amoureux de Mme Macaulay (Catherine Sanbridge), traduit ses ouvrages où elle fait l'éloge de notre Révolution.

Les discours de Lanthenas sont inspiré par Pigott et David Williams[357]. Bancal fréquente les quakers et les Anglais qui collaborent à notre Révolution[358]. Roland, Bancal et Lanthenas sont si liés avec Pigott qu'ils projettent de s'installer avec lui dans un vaste domaine confisqué au clergé[359].

Roland, Jean-Bon-Saint-André et Barère font partie de la « Society for constitutional informations »[360].

Mourgues, ministre de l'intérieur après le départ de Roland, écrivait en 1792 : « Mon père a été élevé en Angleterre ; j'y ai fini mon éducation. Je menai mes frères et ma sœur aux environ de Bath où leur éducation est surveillée par la partie de ma famille réfugiée dans ce pays lors de la révocation de l'édit de

---

[356] Buchez et Roux, t. XXVI, p. 271.

[357] Correspondance de Mme Roland, p. 699.

[358] Correspondance de Mme Roland, p. 743.

[359] Correspondance de Mme Roland, p. 679.

[360] Holland Rose : *W. Pitt*.

Nantes »[361].

Nous publions au chapitre XI des documents qui font croire à la culpabilité de Danton. Lui-même déclarait dans un rapport publié récemment par M. Albert Mathiez : « Il est assez apparent et prouvé que les cabinets de Londres et de Vienne ont pu contribuer à renverser les Brissotins »[362].

---

[361] *Archives des Affaires étrangères*, Londres, v. 583.
[362] *Annales révolutionnaires*, Avril 1916.

CHAPITRE X

D'OÙ VIENT L'ARGENT

« Nier l'influence des étranger sur la Révolution Française, ce serait nier l'évidence même », écrit M. Hamel[363]. On pourrait affirmer avec autant de certitude : nier les sacrifices pécuniaires de l'étranger en faveur des révolutionnaires, ce serait nier l'évidence même.

En parlant d'anarchie *spontanée,* Taine semble entièrement dans l'erreur : la plupart des contemporains de la Révolution mentionnent que les émeutiers ont de l'argent plein les poches.

On lit dans la correspondance de Mirabeau :

« La mort de Foullon a coûté cent mille livres ; celle du boulanger François quelques mille livres ». Bailly partage son opinion.

Danton disait à Lavaux[364] : Hurle avec nous, *tu gagneras beaucoup d'argent* et tu seras libre ensuite de choisir ton parti[365].

---

[363] *Histoire de Robespierre*, t. III, p. 88.

[364] Sybel : *Histoire de l'Europe*, t. I, p. 96.

[365] La même phrase est relatée en d'autres termes par Chateaubriand, *Mémoires d'outre-tombe*.

Pendant les journées d'octobre 1789, Théroigne de Méricour distribuait de l'argent aux soldats et à la populace.

Charles Lameth écrivait à Godad le 3 juillet 1790 : « Travaillez avec le même zèle ; l'argent n'est pas ce qui m'arrête » Un peu plus loin, il ajoutait : « Nous payons les habitués des tribunes (de l'assemblée nationale) ; nous nous faisons applaudir par une centaine de soldés que nous décorons du nom de peuple »[366].

D'après Moore, le public des tribunes, soigneusement recruté et discipliné, touchait de quatre sous à trois livres par séance. Les chefs recevaient de dix à cinquante livres[367].

Voilà pourquoi les orateurs les plus violents étaient couverts d'applaudissements, et les modérés accueillis par des huées. Les députés craintifs ou indécis se laissaient entraîner par l'opinion publique, ignorant qu'elle était truquée.

« On ne sait pas, dit M. de Bonald, tout ce qu'il en a coûté de violences, d'intrigues et d'argent pour pousser le peuple à des troubles »[368].

Un rapport de Sergent Marceau à l'Assemblée Nationale avouait que l'émeute du Champ de Mars « fut organisée par des factieux, des étrangers, payés pour semer le désordre »[369].

En 1789, les émeutiers sont attirés à Paris « par une main

---

[366] *Bibliothèque nationale*, L. b. 39, 9040.

[367] Moore : *Views of the French Revolution*, t. I, p. 426.

[368] De Bonald : *Considérations sur la Révolution Française*, p. 22.

[369] R. ARNAUD : *Le fils de Fréron*. (Procès-verbaux de l'Assemblée nationale.)

presque invisible qui paie le désordre et le paie largement »[370]. Au moment des journées d'octobre, sept million, dit-on, sont envoyés de l'étranger.

Les distributions d'argent aux émeutiers sont affirmées par Marmontel, Bezenval, Montjoie, le Marquis de Vergennes, et une foule de contemporains. Il n'y a de désaccord que sur le taux des salaires, évalué par Lafayette à douze francs par jour, tandis que d'autres parlent de six francs. Les prix variaient sans doute suivant les jours ; le désaccord n'est donc qu'apparent. Mettra, agent secret de notre ministère des Affaires étrangères, écrivait : « Il est évident que la surface de la France est couverte d'agitateurs secrets. En faisant viser mon passeport au sortir de Paris, j'ai vu un homme tirer de sa poche deux assignats de cinq livres tenant ensemble.

On paraissait étonné de cette richesse d'un malheureux déguenillé. « C'est, répondit-il, ce qu'on a distribué hier aux vainqueurs de la Bastille »[371].

Ce témoignages sont confirmés par les diplomates étrangers : Ainsi le bailli de Virieu, ministre de Parme à Paris, écrit le 3 mai 1789[372] : « On a arrêté des hommes déguenillés qui avaient les poches pleines d'or ». Les émeutiers blessés avaient tous de douze à trente-six francs sur eux. Faut-il, gémissait l'un d'eux, être traité ainsi pour douze misérables francs !

Le baron de Staël Holstein raconte qu'un député ayant fait des efforts pour ramener à la modération un groupe de manifestants exaltés, un homme s'avança vers lui et dit, en lui montrant douze francs qu'il tenait dans sa main : ce que vous dites est bien vrai,

---

[370] G. Bord : *La prise de la Bastille.*

[371] *Archives des Affaires étrangères,* Berlin, supplément, n° 9.

[372] Grouchy et Guillois : *La Révolution Française racontée par un étranger.*

mais vos raisons ne valent pas celles-ci[373].

L'année suivante, Staël Holstein signalait l'arrestation à Paris d'un libraire de Berlin accusé d'avoir distribué de l'argent pour soulever le peuple.

Le rapport de Chabroud à l'Assemblée Nationale sur les journées d'Octobre, parle d'une faction « assurée de la délivrance de quinze millions par mois. On a soupçonné les ennemis de la France... Quarante-cinq mille livre ont été distribuées au régiment de Flandre ; cinquante vitriers ont été enrôlés à un louis ».

Quant aux massacreur de septembre, leur salaire était d'un louis par jour, payable au comité des Quatre Nations. Les pièces établissant ce fait existent dans les papiers du comte Garnier[374].

Plusieurs historiens ont affirmé que l'une des causes de la Révolution fut la disette de 1789. Or quel était le langage des révolutionnaire qui accusaient le roi de ne pas venir en aide à la misère de ses sujets ? « De tous les moyens de remuer le peuple, dit Alexandre Lameth, il n'en est pas de plus puissant que de lui présenter l'image de la famine. Avec deux cent mille louis, on pourrait à Paris, en faisant des achats extraordinaires, produire des alarmes dont les conséquences seraient incalculables »[375].

On peut rapprocher de cette phrase les instructions saisies sur un agent Anglais en 1793 : « Maintenez les hauts prix et que les

---

[373] Correspondance diplomatique du Baron de Staël Holstein.

[374] Mortimer Ternaux : *Histoire de la Terreur*, t. III, p. 275, 521 et suiv.
— D'après le Dr Lebon, quelques-uns des massacreurs étaient payés vingt-quatre livres par jour.

[375] G. Bord : *La conspiration révolutionnaire de 1789*.

négociants accaparent tous les articles de première nécessité »[376].

« Où Fabre d'Églantine, pauvre avant le 2 septembre, a-t-il puisé les 12.000 livres de rentes qu'il a avoué posséder ? Où prend-il de quoi soutenir son hôtel, sa voilure, ses gens et ses filles ? Et Lacroix, qui n'a pas répondu à l'inculpation de Guadet, relative à cette négociation de millions que la Cour l'avait chargé d'entamer avec Pétion ? Et Panis, et tant d'autres dont la fortune subite date de septembre ! »[377].

D'où vient l'argent de Héron qui, sans aucune fortune en 1789, est victime en 1793 d'un vol de huit cent mille francs de titres ? Néanmoins, il reste assez à son aise pour offrir à Sénar une rente de six mille francs et une somme de trois mille six cents francs comptant, à condition qu'il le débarrasse de sa femme en l'inscrivant sur une liste de suspects.

Comment Fournier l'Américain se trouve-t-il propriétaire du château de Basancourt en Seine-et-Oise ?

Hébert laissa, au dire de Mallet du Pan plus de deux millions de fortune.

Les dettes de Duprat, se montant à soixante mille francs, se trouvent payée tout à coup en 1793. En échange, il doit, prétend-on, fomenter une contre-révolution Anglo-Prussienne[378].

Fabre d'Églantine a avoué à Marat douze mille livres de rentes acquise en un an[379]. Chaumette, complice de Cloots, envoie à son

---

[376] *Archives nationales,* A. D' 108.

[377] Portrait des Dantonistes, par Brissot *(Annales révolutionnaires,* Juin 1911).

[378] Buchez et Roux : *Histoire parlementaire,* t. XXVI, p. 300.

[379] *Archives nationales,* A. F'' 45, registre 355.

père de grosses sommes attribuées à la générosité de Pitt[380]. Bien d'autres sont accusés par Barbaroux ; on aurait pu lui répondre que lui-même était dans l'impossibilité de nommer le parent qui venait de lui léguer quatre-vingt mille francs.

Gonchon, l'orateur du faubourg Saint-Antoine, se trouvant en prison avec la comtesse de Bohm, lui avoua que chaque émeute lui était payée trente à quarante mille livres[381].

D'après Sybel, l'argent nécessaire à l'entretien des bandes d'émeutiers était fourni « par des spéculateurs comme les frères Frey, et par le duc d'Orléans ». Mais les Frey étaient des gens trop pratiques pour distribuer leur propre argent. Ils n'ont pu qu'être des intermédiaires agissant soit pour le compte de la franc-maçonnerie soit pour le compte de l'étranger.

La caisse maçonnique internationale possédait en 1789 environ dix millions suivant quelques auteurs, vingt millions suivant d'autres. Ces chiffres sont probablement très exagérés, mais les ressources de la secte étaient certainement considérables. Son grand-maître, le duc d'Orléans, avait une fortune magnifique, mais l'opinion de ses contemporains c'est que les sommes importantes versées par lui n'entrent que pour une très faible partie dans les dépenses du complot.

Une révolution en France faisait le jeu de tous les gouvernements. Nous avons exposé la politique de la Prusse et ses projets d'agrandissement en Allemagne.

L'entente Franco-Autrichienne inquiétait la maison de Savoie. Quant à la Russie, elle préparait comme la Prusse le partage de la Pologne ; et la monarchie Française s'y opposait.

---

[380] Buchez et Roux : *Histoire parlementaire*, t. XXXII.

[381] La Comtesse de Bohm : *Les prisons en 1798*. G. Bord : *La conspiration révolutionnaire de 1789*, p. 117.

Catherine II, mieux renseignée que Louis XVI, fut mise au courant des projets de la franc-maçonnerie et s'empressa de la proscrire dans ses états ; au contraire, la préparation de la Révolution en France ne pouvait lui déplaire et elle fit un jour l'aveu suivant : « Je me casse la tête pour pousser les cours de Vienne et de Berlin à se mêler des affaires de France pour avoir mes coudées franches. »

Mais l'ennemi séculaire de la monarchie Française c'était l'Angleterre. Aucune autre puissance n'avait autant d'intérêt à favoriser les émeutes et la guerre civile en France. Notre vieille rivalité avec l'Angleterre avait été exaspérée par la guerre d'Amérique, et le gouvernement Britannique cherchait l'occasion de prendre sa revanche.

Pitt, qui venait d'arriver au pouvoir, avait été élevé par son père dans la haine de la France[382]. Auckland avouait que « le vœu de la Grande-Bretagne est de réduire la France à un véritable néant politique ». Chatham estimait que son pays « ne parviendrait jamais à la suprématie des mers et du commerce, tant que la dynastie des Bourbons existera ». Bien plus, Lord Mansfield avait osé déclarer au Parlement que « l'argent dépensé pour fomenter en France une insurrection, serait de l'argent bien employé »[383].

L'Angleterre pouvait répandre l'or en France sans obérer trop gravement son budget, tandis qu'une guerre comportait des risques et pouvait être ruineuse. D'autre part, si les finances Britanniques étaient dans une meilleure situation que les nôtres, la marine Française était supérieure à la marine An glaise.

Ainsi, en résumé, les troubles ont été soudoyé par un syndicat invisible ; l'Angleterre avait un grand intérêt à détruire la

---

[382] VIDALIN : *William Pitt*.

[383] Sorel : *L'Europe et la Révolution Française*, t. III, p. 462.

monarchie Française. N'est-ce pas le cas de rappeler le vieil axiome de droit Romain : « *Is fecit cui prodest.* »

Il était, d'ailleurs, de notoriété publique que tous les bouleversements étaient fomentés et payés par le gouvernement Britannique ; dans les cours, dans les salons, dans les clubs, on accusait Pitt d'être l'auteur des troubles. Les diplomates étrangers étaient d'accord sur ce point avec nos agents. Pourquoi donc les historiens l'ont-ils nié ? Sans doute pour sauver la réputation des grands hommes de la Révolution. Que deviennent en effet ces héros si par hasard la phrase de Lafayette est vraie : « L'argent Anglais sert à acheter Danton, Pétion, Barère, Tallien, Merlin de Douai, Robespierre, Sieyès, etc. »[384].

Seulement en pareil cas la preuve est fort difficile à établir : les hommes politique qui se vendent signent rarement un reçu. Une lettre très curieuse, saisie sur un agent anglais, contenait les mots suivants : « Mylord (on venait de parler de Pitt) désire que vous ne pensiez, pas à envoyer ni tenir aucun compte. Il désire même que toutes les minutes soient détruites, vu que si elles étaient trouvées, elles pourraient être dangereuses pour tous nos amis en France »[385]. Cette lettre, adressée au président du comité anglais de Lille et de Saint-Omer, recommandait à deux reprises de ne pas ménager l'argent.

D'après Granier de Cassagnac[386], un certain nombre de reçus existaient ; il furent brûlés par Savary sur l'ordre de Napoléon Ier. Mais il semble qu'il s'agissait surtout de sommes versées par le duc d'Orléans. À défaut de reçus, on aurait dû retrouver des correspondances incriminant les coupables. Mais il est à

---

[384] *Mémoires de Lafayette*, t. IV, p : 138. Mathiez : *Les journées des 5 et 6 Octobre.*

[385] *Archives nationales*, A. D' 108.

[386] Granier de Cassagnac : *Causes de la Révolution Française*, p. 146 et suivantes.

remarquer que chaque procès-verbal d'arrestation, de 1792 à 1794, mentionne l'apposition des scellés sur les papiers des accusés. Souvent il est fait mention de nombreuses lettres en anglais. Seulement, les archives nationales n'ont pas conservé ces lettres ; en revanche, on a gardé scrupuleusement des comptes de blanchisseuses et de tailleurs. Sans doute Savary ou d'autres ont dû faire une, épuration.

Danton, formellement accusé par Lafayette, a eu de très chauds partisans qui ont défendu son honnêteté. Malheureusement, il y a contre lui une abondance terrible de témoignages ; Garat, Brissot, Mirabeau, Rœderer, Bertrand de Molleville, Robespierre, Mme Roland, Levasseur, Louis Blanc, Thiers, Mignet, etc., affirment sa vénalité. Aussi M. L. Madelin, dans un volume récent, arrive-t-il à cette conclusion : « Danton a reçu de l'argent de la cour et peut-être *de quelques autres* »[387].

Ces autres ne seraient-ils pas les Anglais ? Le bruit en a couru en 1793. Il ne faut pas attacher trop d'importance à un document diplomatique signalant Danton comme agent de Pitt, parce qu'en même temps on le dit Anglais ; M. de la Luzerne, ambassadeur à Londres, écrivait à M. de Montmorin, le 26 novembre 1790 : « Il y a à Paris deux Anglais, l'un nommé Danton, l'autre Paré, que quelques personnes soupçonnent d'être les agents les plus particuliers du gouvernement anglais ». En face du nom de Danton, en marge de la lettre, se trouvent les mots : « Président du d^t des Cordeliers ». Mais cette note est au crayon et d'une écriture différente de celle de l'ambassadeur[388].

Néanmoins, dans l'opinion de M. Albert Mathiez[389], c'est bien du célèbre tribun qu'il s'agit : Paré était, dit-il, le principal

---

[387] L. Madelin : *La dernière année de Danton* (1914).

[388] *Archives des Affaires étrangères*, Londres, v. 571.

[389] Danton et l'or Anglais. *Annales révolutionnaires* d'Avril 1916.

clerc de Danton. Si ce dernier était détenteur de la lettre que nous citons page 231, c'est qu'il était du nombre des agents de l'Angleterre. Si M. de la Luzerne croit Danton Anglais, c'est que son demi-frère habitait Londres et correspondait avec lui en anglais. Tous deux, en effet, parlaient admirablement cette langue.

Quant à Robespierre, nous n'avons pas trouvé de documents sérieux confirmant l'accusation de Lafayette. Mais une lettre de Charles Lameth établit clairement que Robespierre n'était pas aussi indépendant que l'ont soutenu ses apologistes, et semblait obéir aux instructions du pouvoir occulte : « L'ami Robespierre invective, calomnie, c'est le moyen de ne venir à bout de rien. Quand pourrai-je être débarrassé de cet imbécile ? Il n'a juste que la portion de bon sens nécessaire pour bien suivre les instructions qu'on lui donne, et avec cela il veut toujours y mettre du sien. On est bien à plaindre quand la fortune vous force à employer de pareilles gens. » Sa lettre ayant été interrompue précisément par une visite de Robespierre, Lameth reprend en ces termes : « Le peuple ne nous connaît pas, il est même de notre plus cher intérêt qu'il ne nous connaisse jamais, sans quoi gare la lanterne... Travaillez avec le même zèle. Vous savez que l'argent n'est pas ce qui m'arrête, et d'ailleurs quelle récompense vous est promise »[390].

L'argent si généreusement distribué par Lameth pouvait provenir de deux sources, l'Angleterre et le Duc d'Orléans.

Il y a à peu près unanimité dans les mémoires du temps pour attribuer à Philippe Égalité les premiers troubles de 1789[391]. Le seul point controversé est celui-ci : Distribuait-il seulement son argent, ou distribuait-il aussi l'argent de l'Angleterre. D'après les

---

[390] *Lettre à Godad,* 3 juillet 1790, Bibl. nationale, Lb 39, 9040.

[391] La correspondance de Mme de Lostanges récemment publiée vient une fois de plus confirmer ces témoignages. (Lettre du 3 juillet 1789.)

mémoires de Mme Campan, l'ambition du Duc d'Orléans et l'or anglais sont les deux causes de la Révolution.

Vaudreuil écrivait au comte d'Artois en 1790 : « Bientôt la famille royale sera dans la puissance d'un prince rebelle soutenu par l'argent et les forces de l'Angleterre »[392].

« Les sommes que l'on répand dans le peuple ne se laissent pas expliquer par la fortune même du Duc d'Orléans »[393], disait M. de Staël Holstein. Il n'a pas suffi, en effet, de payer les premières émeutes ; il a fallu rémunérer les chefs du mouvement depuis 1789 jusqu'en 1794.

Rivarol signalait le bruit que « l'or distribué par le Duc d'Orléans était aux Anglais... Il faut attendre, pour se prononcer là-dessus, que M. Pitt se soit expliqué sur les vingt-quatre millions de dépenses secrètes dont il a parlé dans la chambre basse »[394].

On lit dans les souvenirs inédits du conventionnel J.-P. Picqué : « Pitt fonda son projet et presque tout le système révolutionnaire sur le duc d'Orléans »[395].

L'opinion de A. Geffroy[396] est que la « faction du duc d'Orléans était soudoyée par l'Angleterre ».

Le baron de Staël-Holstein écrivait, le 29 août 1789, à son gouvernement : « On soupçonne avec beaucoup de vraisemblance l'Angleterre de fomenter et d'entretenir les

---

[392] Correspondance de Vaudreuil, 17 juin 1790.

[393] Correspondance diplomatique du Baron de Staël Holstein, p. 142.

[394] Mémoires de Rivarol.

[395] Voir *Revue historique de la Révolution Française*, décembre 1915, p. 271.

[396] *Gustave III et la Cour de France*, t. II, p. 95.

troubles. Il n'est que probable que le duc d'Orléans s'entend avec cette puissance. » Il ajoutait, le 22 octobre : « Le premier parti qui doit s'appeler une conspiration plutôt qu'un parti, a M. le duc d'Orléans pour chef et l'Angleterre pour moteur »[397].

D'après M. Dard, « l'Angleterre, selon toute apparence, dissimule son action derrière le parti Orléaniste »[398].

Il semble possible que le duc d'Orléans ait ignoré les subsides fournis par l'Angleterre à ses partisans. Mme Elliot (Grace Dalrymple), qui était du dernier bien avec Philippe Égalité, raconte que « la faction d'Orléans ne le consultait même pas sur ses opérations et se servait de son nom pour commettre des horreurs »[399]. Cette opinion explique l'hypothèse plaisante de Camille Desmoulins : « Philippe Égalité ne faisait peut-être pas partie de la faction d'Orléans ».

Ce n'était pas d'ailleurs le Prince qui dirigeait la franc-maçonnerie dont il était le grand-maître : il aurait déjà pu formuler cet aveu d'un général d'opérette : « Il faut bien que je les suive puisque je suis leur chef ».

Sans doute Bezenval (comme beaucoup d'autres) était dans le vrai en parlant dans ses mémoires de brigands « soudoyés par le duc d'Orléans et par l'Angleterre ». Mais il serait téméraire d'affirmer que le Prince ait reçu de l'argent de l'Angleterre. Il est vrai que Jefferson émet l'opinion que « l'on se sert du duc d'Orléans comme d'un instrument... le prince est en intelligence avec la cour de Londres. Il ne doute pas que le ministère ne lui fournisse des sommes considérables pour alimenter la guerre

---

[397] Correspondance diplomatique du Baron de Staël Holstein, p. 142.

[398] DARD : *Choderlos de Laclos,* p. 226.

[399] Mémoires de Mme Dalrymple-Elliot, p. 37.

civile »[400].

Jefferson ne donne aucune preuve de son assertion ; Mme Elliot était plus au courant que lui des faits et gestes du duc d'Orléans, et la « faction d'Orléans » pouvait être payée par le cabinet de Londres à l'insu du Prince. M. Madelin nous annonce une biographie de Philippe Égalité par M. Britsch ; souhaitons qu'elle élucide ce point d'histoire lorsqu'elle paraîtra.

Mais à défaut d'argent, le cabinet de Londres prodiguait les promesses au duc d'Orléans, comme le prouve cette phrase dans une lettre du Prince : Apprenant la maladie du roi d'Angleterre, il écrivait : « Si Georges tombe tout à fait, vous savez ce que Fox et Grenville m'ont promis ; tout irait bien alors »[401].

Le roi Georges n'avait ni sympathie ni estime pour Philippe Égalité, mais ses ministres berçaient le Prince de l'espoir d'un changement de dynastie.

On lit dans les souvenirs inédits de I.-P. Picqué, député des Hautes-Pyrénées à la Convention : « Pitt fut véritablement le chef invisible ou visible d'un parti directeur des mouvements et d'un changement opposé au gouvernement...

« L'Angleterre avait à Bâle et à Paris ses confidens et ses banquiers, des agens répandus bien stylés ayant le tarif des insurrections... »[402].

Dans son rapport sur le Comité de Salut Public, Cambon écrivait : « Depuis que je vois Pitt toucher cinq millions sterling pour dépenses secrètes, je ne m'étonne plus qu'on sème avec cet

---

[400] Jefferson : *Complete Works*, t. III.

[401] Lettre à. Choderlos de Laclos, 10 Mars 1790. Voir DESCHAMPS : *Les Sociétés secrètes*, t. II, p. 149.

[402] *Revue historique de la Révolution Française*, pages 271 à 275.

argent des troubles dans toute l'étendue de la République ».

Barère dénonçait, en 1793, l'arrivée d'espions et d'agitateurs anglais dans tous nos départements. Dubois-Crancé signalait l'envoi de quatre millions par William Pitt aux insurgés de Lyon[403].

On lit dans le mémoire justificatif de Barras[404] : « Petitval avait acheté à la femme de Monciel, pour une somme très considérable, 25.000 livres je crois, la liste des anciens conventionnels et des membres des deux Conseils qui recevaient des subsides de l'Angleterre. »

Les procédés de William Pitt ont d'ailleurs continué à être mis en pratique par la diplomatie anglaise : Ainsi, en 1830, le lieutenant La Roche, chargé d'enlever la barricade du boulevard de la Madeleine, vit des Anglais distribuer de l'argent aux émeutiers[405].

Ce n'est pas seulement en France que l'or anglais faisait agir les hommes politiques. Pendant que Fersen déclarait, à propos de nos troubles : « Je crois aux arguments de l'or britannique »[406]. Nos diplomates écrivaient de Berlin : « Toutes les personnes qui ont accès auprès du roi de Prusse sont vendues à l'Angleterre… La comtesse de Bruhl, femme du gouverneur du Prince royal, est Anglaise et fanatique dans le double sentiment de l'amour de son païs et de la haine pour la France… Le médecin de la cour,

---

[403] A. Mathiez : *La Révolution et les étrangers,* Ch. IX.

[404] *Revue Historique,* Mai 1918. (Article de Doney Lachambaudie.)

[405] *Souvenirs d'un officiel de gendarmerie,* publiés par le Vicomte de Courson. Voir dans *l'Echo de Paris* du 1er août 1914, l'article de M. Félicien Pascal.

[406] Lady Blennerhasset : *Mme de Staël et son temps,* p. 26.

homme de beaucoup d'esprit, est Anglais »[407].

Dix-huit mois plus tard, le marquis de Moustiers disait : « Bischoffswerder est soudoyé, dit-on, par l'Angleterre »[408].

Bacher, commissaire des relations extérieures à Bâle, écrivait le 19 thermidor an II[409] :

« La convention de Pillnitz et tous les arrangements subséquents sont dus à l'or de l'Angleterre ».

Enfin, nos agents diplomatiques affirmaient que Thugut était vendu aux Anglais[410].

Ainsi, l'influence britannique se retrouve partout : dans les sociétés secrètes comme dans nos assemblées nationales, dans les clubs et au Comité de Salut Public, comme dans les ministères de tous les pays.

---

[407] *Archives des Affaires étrangères*, Berlin, année 1789, Lettre de M. d'Esterno.

[408] *Archives des Affaires étrangères*, Berlin, 10 février 1791.

[409] *Id.*, Berlin, v. 213.

[410] Confidences de Poteratz. Lettre de Wickham à Grenville.

CHAPITRE XI

L'ANGLETERRE ET LA RÉVOLUTION

De tout ce qui précède résultent, à défaut de preuves matérielles, de graves présomptions contre l'Angleterre.

Mais ce n'est pas seulement la rumeur publique qui l'accuse de soudoyer les troubles, ce ne sont pas seulement les correspondances et les mémoires des contemporains, ce sont aussi les correspondances diplomatiques.

On objectera que les ambassadeurs se faisant l'écho des bruits qui circulent, peuvent induire leurs gouvernements en erreur. Mais lorsque le même fait est affirmé à la fois à Vienne, à Londres, à Paris, à Amsterdam, à Bâle et à Berlin, il y a des chances pour que ce fait soit vrai. Or, les correspondances diplomatiques que nous publions aux pièces justificatives, peuvent se résumer dans cet aveu de Lord Grenville an comte Stadion : « Pour créer d'utiles dérivatifs, le gouvernement britannique a coutume d'entretenir sur le territoire français des désordre intérieurs »[411].

Enfin, la lettre suivante, saisie et traduite par ordre de la

---

[411] *Manuscripts of J. B. Fortescue*, t. II. Doumic : *La Franc-maçonnerie est-elle Juive ou Anglaise ?* Voir aussi les *Mémoires de Barthélemy*, récemment publiés par M. de Dampierre.

Convention, constitue bien une preuve matérielle : elle donne des instructions de la part de Pitt à l'agent dirigeant le comité anglais de Lille et Saint-Omer. Elle prouve que ces comité, établis dans la plupart de nos grandes villes, fonctionnaient depuis assez longtemps[412] : on promet, en effet, un siège au parlement à un agent dont les services méritent d'être particulièrement récompensés.

… « Il faut que nous fassions tomber de plus en plus les assignats. Maintenez les hauts prix et que les négociants accaparent tous les articles de première nécessité…

« Que Chester aille de temps en temps à Ardes el à Dunkerque. Encore une fois, n'épargnez pas l'argent…

« En voyez cent cinquante mille francs à Rouen et autant à Caen. Que Mors… soit rappelé de Cambrai, que Whitmore aille à Boulogne[413].

« Mastre devrait être à Paris, parce qu'il a comme banquier les meilleures connaissances pour soutenir les fonds et faire baisser les assignats. Les plans de Milne sont approuvés par Pitt…

« Que l'argent ne soit pas épargné. Mylord désire que vous ne pensiez pas à envoyer ni tenir aucun compte…

« … Si vous pensez que Mitchell est assez sûr, employez-le pour aller à Paris et Dunkerque… Dites à Ness qu'il peut être sûr d'un bourg à la première vacance, ou dans le prochain

---

[412] La lettre est du 29 juin 1793.

[413] Les mots Cambray et Boulogne sont rayés.

parlement...[414]

« Nous avons quarante mille guinées[415] pour les comités sous votre direction.

« Ne laissez pas Marston demeurer avec vous. Il est prudent d'avoir des logements séparés... »

À cette lettre était. jointe une liste d'émissaires désignés par des initiales avec les sommes à distribuer dans quatorze villes : Paris, Rouen, Lille ; Nantes, Dunkerque, Calais, Arras, Saint-Omer, Saint-Malo, Boulogne, Douai, Orléans, Blois, Tours[416].

Il est difficile de ne pas voir dans ce document une preuve matérielle de la culpabilité du gouvernement britannique.

D'après Barère, des documents perdus par un Anglais établissaient l'envoi par le gouvernement britannique d'agitateurs et d'incendiaires dans tous nos départements.

Effectivement, des incendies éclatèrent à Douai, au port de Lorient, à Valenciennes, à la cartoucherie de Bayonne, au parc d'artillerie de Chemillé, etc.[417]

Le Foreign Office a reconnu que le banquier prusso-suisse Perrégaux « distribua à Paris, en 1793, de fortes sommes à divers personnages... pour les services essentiels qu'ils nous ont

---

[414] Note du traducteur : c'est-à-dire qu'il sera membre du Parlement.

[415] Note du traducteur : Près de six millions au taux actuel du change.

[416] *Archives nationales*, A. D' 108, et *Archives des Affaires étrangères*, Londres, 587.

[417] A. MATHIEZ : *La Révolution* et *les étrangers*, p. 138.

rendus »[418].

Voici d'ailleurs une lettre officielle du Foreign Office au banquier Perrégaux, tout récemment publiée par les *Annales révolutionnaires*[419] :

« Nous désirons que vous continuiez vos efforts et que vous avanciez 3.000 livres à M. C. D., 12.000 à W. T. et 1.000 à de M., pour les services qu'ils nous ont rendus en soufflant le feu et en portant les Jacobins au paroxysme de la fureur...

« Aidez C. à découvrir les canaux dans lesquels l'argent peut être distribué avec le plus de succès... »

En publiant cette lettre, M. Albert Mathiez conclut : « Il est indubitable que l'Angleterre entretenait aux Jacobin des agents chargés de pousser le club dans la voie des surenchères démagogiques. » Ce document faisant partie des papiers saisis chez Danton, M. Mathiez pense que le célèbre tribun était l'un des agents rétribués par Perrégaux.

En somme, si l'on admet l'existence du complot anglais ou angle-prussien, notre Révolution est beaucoup plus facile à expliquer qu'en rejetant cette hypothèse.

Reprenons les événements depuis la préparation de la Révolution : tout paraît s'en chaîner avec logique et le plan de nos adversaires est parfaitement combiné.

Dès la fin du règne de Louis XV, la Bretagne était travaillée par des émissaires de l'Angleterre. Quelques mécontents offrirent la couronne au duc d'Orléans, père de Philippe Égalité. Une armée soldée par l'Angleterre devait appuyer le mouvement.

---

[418] Lavisse : *La France contemporaine*, t. II, p. 151.

[419] Avril 1916, A. Mathiez : *Danton et l'or Anglais*.

Le duc d'Orléans ayant refusé, les conspirateurs décidèrent de se rejeter sur son fils ; quelques-uns d'entre eux ont probablement fait partie du club Breton qui donna plus tard naissance au club des Jacobins. Ainsi, l'appui prêté par le gouvernement britannique aux ambition de la branche cadette était bien antérieur aux troubles. Longtemps avant la Révolution, le comte de Vergenne étudiant avec Louis XVI la question anglaise, avait acquis la persuasion que « l'Angleterre travaillait à anéantir la France par le moyen des troubles et des discordes »[420].

Le mouvement philosophique qui a si habilement préparé la chute de la monarchie, a été lancé par l'étranger. « De Rousseau est sorti Robespierre », écrit M. A. Dides[421]. Mais Rousseau a subi d'une façon incontestable l'influence anglaise et a imité les ouvrages de Jacques Thomson.

Les écrits de l'Anglais Locke ont « servi de préface aux œuvres de Voltaire et de Rousseau »[422]. On y trouve les théories de la souveraineté du peuple, de la séparation des pouvoirs, et tous les principes de 1789. M. Doumic a fait également remarquer que les philosophes ont puisé en Angleterre des armes contre tout ce qui leur déplaisait en France, le gouvernement, la religion, le coutumes, l'esprit traditionnel »[423].

Si d'Holbach. Helvétius, Diderot, ne demandaient pas la république, ils avaient déconsidéré et affaibli la royauté, soit en l'injuriant, soit en sapant le christianisme[424].

Helvétius, né à Paris, était d'origine germano-hollandaise.

---

[420] Campardon : *Le procès du collier.* Soulavie, v. VI, p. 289.

[421] A. Dide : *Le protestantisme et la Révolution Française*, p. 11.

[422] J. Fabre : *Les pères de la Révolution.*

[423] Doumic : *La découverte de l'Angleterre au XVIIIe siècle.*

[424] Aulard : *Histoire politique de la Révolution Française*, p. 11.

D'Holbach était Badois. C'est dans son hôtel que se composaient les libelles et pamphlet contre la religion et la royauté[425]. On les distribuait gratuitement dans toutes les province. D'Holbach est l'introducteur de tous les étrangers de marque, arrivant à Paris. Condorcet est son ami et son disciple[426]. Helvétius, condamné par la Sorbonne pour son livre *De l'esprit,* reçut un accueil chaleureux à Berlin[427]. C'est dans le salon de Mme Necker qu'il fut décidé d'élever une statue à Voltaire dont les sympathies prussiennes sont bien connues. ·

Le peuple le plus spirituel de la terre est en même temps celui qui subit le plus volontiers l'influence étrangère. Peut-être est-ce en vertu du proverbe « Nul n'est prophète en son pays ». Les Italien avaient été à la mode à l'époque de la Renaissance ; au XVIIIe siècle, ce sont les Anglais. Louis XVI s'efforçait de réagir contre l'anglomanie des courtisans qui l'impatientait. Un jour où Lauzun lui faisait, selon son habitude, l'éloge de l'Angleterre, le roi lui déclara brusquement : « Quand on aime autant les Anglais, on doit aller s'établir chez eux et les servir »[428].

L'Angleterre attendait patiemment son heure pendant que ses agents propageaient les idées nouvelles et s'efforçaient de créer en France un état d'esprit révolutionnaire. Il en était de même de la Prusse.

Notre monarchie était entre les mains d'un souverain faible et indécis, ne sachant pas prendre un parti, et trop bon pour opposer une résistance vigoureuse aux émeutes. Dès l'année 1776, Frédéric III comparait Louis XVI à une jeune brebis entourée de vieux loup. Il voyait juste, et l'appui donné par lui aux

---

[425] J. de Lannoy : *La Révolution préparée par la Franc-maçonnerie*, Omnia Veritas Ltd, www.omnia-veritas.com.

[426] *Mémoires de Grimm.*

[427] A. Keim : *Helvétius.*

[428] Marquis de Ségur : *Le couchant de la Monarchie*, t. II, p. 219.

philosophes était de la bonne politique prussienne.

Nous avons déjà dit que la franc-maçonnerie française subissait l'influence de l'Angleterre et de l'Allemagne. Y eut-il une entente formelle entre les deux gouvernement de Londres et de Berlin ? C'est probable, mais il est impossible d'en fournir la preuve. Nos diplomates et plusieurs historiens affirment que beaucoup de personnages prussien émargeaient aux fonds secrets du cabinet de Londres. Le roi d'Angleterre était beau-frère du duc de Brunswick, et la cour de Berlin subissait l'influence britannique.

On a longtemps cru que les Illuminés étaient uniquement des Allemands. Un récent travail de M. Gustave Bord fait connaître leurs attaches avec le gouvernement anglais : « Une coterie d'Allemands *dévoués à l'Angleterre* avait pour complices des employés de divers gouvernements sur toute la surface de la terre »[429].

À la fin du règne de Louis XVI, un grand nombre d'Anglais et d'Allemands se mirent à fréquenter les loges maçonniques françaises, entre autres lord Stanhope, l'un des chefs de la maçonnerie anglaise. En somme, la coalition anglo-prussienne disposait de la force redoutable des sociétés secrètes et de leurs chefs. Le cabinet britannique avait pour allié le grand-maître de la franc-maçonnerie française, le duc d'Orléans. Le Palais royal fourmillait d'espions, et Philippe Égalité ne pouvait rien faire sans que le gouvernement anglais en fût informé.

Ducher, agent diplomatique, affirmait, en 1793 : « Depuis dix ans le ministère britannique tient à ses gages en France la secte des économistes »[430].

---

[429] G. Bord : *Les Illuminés de Bavière* (Revue des Société secrètes).

[430] *Archives des Affaires étrangères,* Londres ; 587.

Il fallait en même temps pouvoir s'appuyer sur l'opinion publique ; ce travail fut confié aux clubs et aux journaux. Incontestablement le besoin de réformes était urgent ; il y avait des abus à supprimer et les philosophes avaient déjà créé depuis quelque temps un état d'esprit révolutionnaire. Mais l'action de l'Angleterre accentua cet état d'esprit dans toute la France. Les constitutionnels, animés d'excellentes intentions, se trouvèrent avoir fait le jeu du syndicat international en préparant, sans le savoir, le renversement de la monarchie.

Nous avons expliqué que le groupe Gènevois, si en vue pendant la Révolution, était pensionné par le cabinet de Londres. Les protestants français subissaient aussi l'influence anglaise.

Le mouvement d'opinion en faveur de la liberté de la presse fut lancé par David Williams ; la Déclaration des Droit de l'Homme est l'œuvre de Thomas Paine ; l'inventeur du bonnet rouge est Robert Pigott. Le clubs importés en France par l'Angleterre, travaillaient l'opinion publique parallèlement aux sociétés secrète. Après le club politique, fondé en 1782, le club des Américains fut créé en 1785 par le duc d'Orléans. Plusieurs autres cercles se mirent aussi à discuter les questions politiques. Ils inquiétèrent le gouvernement et ils furent tous fermés en 1787. La loi du 14 décembre 1789 leur donna le droit de rouvrir, mais ils n'avaient pas attendu la permission, puisque, dès le mois de juin, et peut-être auparavant, le célèbre club-breton se réunissait à Versailles[431]. On sait qu'il devint ensuite le club des Jacobins lorsqu'il se transporta au couvent de la rue Saint-Honoré[432]. La police ignora-t-elle les séances du club Breton ? Il est probable qu'elle ferma les yeux.

---

[431] Il entretenait déjà des correspondances avec tous les régiments pour les pousser à la désertion. Voir Aulard : *La Société des Jacobins*, t. I. Introduction, p. 20 et suiv.

[432] La porte d'entrée existe encore, rue Saint-Hyacinthe, 4, derrière le Marché Saint-Honoré.

Après le club Breton s'ouvrirent un assez grand nombre de cercles où le jeu était délaissé pour la politique, par exemple le club des étrangers, rue de Chartres ; le club des colons, fondé par les Américains ; la société Lazowski, créée plus tard par les précédents, etc.

L'élément anglais dominait dans le club des *Amis des noirs,* dont le rôle fut assez important.

« Dès le mois de décembre 1790, le club des Jacobins comptait parmi ses membres des étrangers notoires dont beaucoup n'étaient même pas domiciliés »[433]. Aux Cordeliers, un grand nombre de Suisses fraternisaient avec Marat, entre autres Virchaux, Niquille, Roullier, d'Arbelay, Chaney[434].

La société Constitutionnelle a passé inaperçue. Burke, dans ses réflexions sur la Révolution française, s'étonne que la reconnaissance de nos compatriotes aille seulement à la « Revolution society » et nullement à la société Constitutionnelle « qui travaille depuis sept ou huit ans dans le même Sens » (1er novembre 1790).

Ainsi, cette association anglaise, passée sous silence par les historiens, préparait la Révolution depuis 1783.

La société des Amis du peuple était entièrement anglaise, comme la précédente[435]. Lord Grey était l'un de ses principaux membres.

Le cercle Social, au contraire, où brillaient l'abbé Fauchet et Nicola Bonneville, semble français. Mais Anacharsis Cloots et Thomas Paine sont rédacteur de son journal, la *Bouche de fer.* Le

---

[433] Mathiez : *La Révolution et les étrangers*, p. 42.

[434] Voir plus loin la liste des étrangers faisant partie du Club des Jacobins.

[435] Peyrat : *La Révolution Française*, p. 146.

but du cercle Social est de centraliser les francs-maçons, en éliminant tous les éléments réactionnaires. Le cercle Social admettait les femmes ; Mme d'Aelders, agent du gouvernement prussien, en faisait partie avec quelques élégantes qui effarouchaient les austères Jacobins[436]. Aussi la proposition de Bonneville fut-elle écartée lorsqu'il voulut fusionner le cercle Social avec le club des Jacobins[437]. Les Amis de la vérité étaient une émanation du cercle Social ; Mme d'Aelders tenta de fonder en même temps la société patriotique des *Amies* de la vérité.

Le club des Nomophiles, rue Saint-Antoine, a aussi des adhérents des deux sexes ; Théroigne de Méricour y brille d'un vif éclat[438].

Beaucoup d'étrangers sont assidus au club des Cordeliers, le plus violent de tous : Rutledge, Dufourny, Desfieux, Dubuisson, Proly, etc.

Le club révolutionnaire Anglais, présidé par Stone, joua un rôle des plus actifs dans la Révolution Française. La liste de ses membres est introuvable, mais voici les noms des Anglais qui y dînaient le 18 novembre 1792 : Thomas Paine, le banquier R. Smith, Rayment, Frost, Sayer, Joyce, H. Redhead, Yorke et R. Merry, mari de l'actrice Mlle Brunton.

Le club révolutionnaire Anglais avait été créé par la société de la Révolution (Révolution society) dont le siège était à Londres. Les principaux chefs de la Revolution society étaient lord Stanhope, que l'on retrouve partout, et le docteur Price. Celui-ci, après les journées d'Octobre, remerciait Dieu de l'avoir fait assez vivre pour voir ces événements. Burke raconte que ce qui excitait l'enthousiasme.de la société de la Révolution, c'était

---

[436] Il fut inauguré dans le cirque du Palais-Royal.

[437] A. Jouet : *Les clubs.*

[438] Isambert : *La vie à Paris*, 1791-1792.

le cri : « Les évêques à la lanterne ».

La correspondance de la Revolution Society avec les clubs Français forme un volume assez rare portant la mention : « Strictly prohibited in England » (ouvrage sévèrement prohibé en Angleterre). On y trouve des lettres d'un grand nombre de société de Jacobins, remerciant des conseils reçu ; en effet, la société Anglaise de la Révolution a sans cesse inspiré nos assemblées ; elle était en correspondance non seulement avec Paris, mais avec toute nos grande villes qui déléguaient des patriotes à Londres auprès de Lord Stanhope. Dès 1788, la Revolution Society avait proclamé les immortel principes que nos révolutionnaires prétendent avoir inventés, liberté de conscience, liberté de la presse, souveraineté du peuple, droit à l'insurrection, etc.

D'après la duchesse de Brissac [439], la *Société de Correspondance* de Landre groupait six mille personnes à la tête desquelles se trouvait un Comité secret composé de six membres qu'elle ne nomme pas.

Quelques salons politiques collaboraient avec les clubs, celui de Mm de Condorcet, fréquenté par les Anglais et par Cloots, ceux de Mme François Robert, du banquier Kornmann, etc.[440]

Aussitôt la Révolution commencée, la conspiration internationale s'efforça d'accaparer la presse dont la puissance commençait à se faire connaître. Ainsi l'Anglais Rutledge publie la *Quinzaine*. Le *Courrier de l'Europe* appartient à son compatriote Swinton. La Société des Amis de noirs, soudoyée par l'Angleterre, publie *l'Observateur*. Thomas Paine inspire les article de Brissot et rédige la *Bouche de fer* avec Anacharsis

---

[439] Duchesse de Brissac : *Pages sombres,* p. 179.

[440] Signalons la fondation sous le Directoire du Cercle constitutionnel présidé par Benjamin Constant et destiné à combattre le Cercle royaliste de Clichy.

Cloots. *L'Union,* inspirée par Robespierre, paraît à la fois en Anglais et en Français. Oswald est l'un des fondateurs de la *Chronique du mois.* En même temps la correspondance diplomatique de Von der Goltz mentionne l'envoi à Berlin du *Journal National,* subventionné par lui à Paris[441]. Le Prussien Cloots inspire les articles de Camille Desmoulins ; l'Autrichien Proly collabore au *Cosmopolite.* Le Milanais Gorani écrit dans le *Moniteur.* Le Prussien Z. Hourwitz collabore à plusieurs journaux. Les Italiens Pio et Ceruti sont rédacteurs à la *Feuille Villageoise* et au *Journal de la Montagne.* Le Prince Ch. de Hesse rédige le *Journal des hommes libres.* Le Génevois Dumont collabore au *Républicain.* Son concitoyen Clavière publie la *Chronique du mois* et écrit dans le *Courrier de Provence.* Le Belge F. Robert est rédacteur au *Mercure* et aux *Révolutions de Paris.* Faut-il citer encore La Harpe, le D^r Kœrner, Cotta (de Stuttgart), Dorsch (de Mayence), le Savoyard Dessaix, etc. Le journal le *Creuset* était dirigé par Rutledge ; le Génevois Dessonaz dirigeait avec Grenus la *Correspondance des Nations ;* Euloge Schneider rédigeait *l'Argus* en Allemand. Des *jour*naux Anglais révolutionnaires paraissent à Paris, le *Magazine of Paris,* le *Paris Mercury,* etc. Le Club Helvétique publie la *Correspondance générale Helvétique.* Rebmann fait paraître à Paris *Die Schilwache,* Die *Geissel ;* il collabore avec le Prince de Hesse au *Journal des Campagnes* et à l'*Ami des lois.*

Parallèlement aux intrigues Prussiennes, les agents de l'Angleterre s'étaient depuis longtemps efforcés de discréditer Marie-Antoinette afin de dissoudre l'entente Franco-Autrichienne.

L'ambassadeur Dorset, qui avait la confiance de la reine, soufflait lui-même la discorde à la Cour de Versailles. Après l'affaire du collier, Cagliostro est bien accueilli à Londres où il n'avait pas cependant laissé une bonne réputation. Lorsque plus tard il est en prison pour dettes, il en est encore tiré par un

---

[441] *Archives des Affaires Étrangères,* Berlin, v. 212.

Anglais.

« Au signal de la convocation des États généraux, provoquée sourdement par les complices et les émissaires de son ministre, l'Angleterre déploya sur nous la trame infernale qu'elle avait ourdie dans l'ombre et le silence. »[442]. Une nuée d'agents Anglais s'était peu à peu installée en France pour diriger le mouvement préparé. Nous avons cité la lettre établissant l'existence de comités dans quatorze villes. Mais, bien entendu, c'est surtout à Paris que se déploie leur activité. Barère écrivait dans l'un de ses rapports : « Les Anglais ont de Dunkerque à Bayonne et de Bergues à Strasbourg des corrupteurs secrets et des intelligences dans les garnisons. »

Quelques jours après la prise de la Bastille, Dorset met un empressement singulier à signaler à M. de Montmorin un soi-disant complot des aristocrates, proposant de livrer Brest aux Anglais. Il ne pouvait en nommer les auteurs pour une raison excellente, c'est que le complot n'existait pas. Mais il parut, ou se figura paraître plus sincère lorsqu'il déclina toute responsabilité dans nos premiers troubles. D'ailleurs, la façon dont le gouvernement britannique s'est disculpé, n'était-elle pas de nature à éveiller nos soupçons plutôt qu'à les dissiper : Le roi d'Angleterre proteste qu'il n'est pour rien dans les désordres de Paris ; Grenville le répète avec insistance [443]. L'ambassadeur Dorset, non content de l'affirmer à Louis XVI, écrit deux lettres au président de l'Assemblée nationale pour se disculper. Il faut croire que les apparences le condamnaient bien. Mais cette fois, le cabinet de Londres comprit que Dorset exagérait, et le blâma d'avoir écrit au président de l'Assemblée.

L'historien anglais Holland Rose a découvert une preuve de

---

[442] *Archives des Affaires étrangères*, Angleterre, supplément, v. 15. Rapport de Durban au Directoire.

[443] *Archives des Affaires étrangères*, Londres, v. 578.

la sincérité de son Gouvernement : c'est que pas une des lettres du roi Georges, à ses ministre ou ambassadeurs, ne fait même allusion à la Révolution française. Qui veut trop prouver ne prouve rien : à qui fera-t-on croire qu'un événement de cette importance a passé inaperçu à Londres ? Nos agents diplomatiques affirment au contraire que le roi d'Angleterre « ne cesse de parler de la Révolution ». Peut-on supposer qu'il n'en parle pas à ses ministres et ambassadeur ? Seulement la diplomatie Britannique étant toujours restée entre les mains d'hommes de la carrière, ses secrets n'ont pas été ébruités par des démagogues et des parvenus. Une objection peut être faite à l'hypothèse du complot anglo-prussien, c'est que l'on devrait en trouver la preuve dans les archives de Londres. Une phrase du *Mémorial de Sainte-Hélène* [444] se trouve répondre à cette objection : « Tous les agents politiques anglais sont dans le cas de faire deux rapports sur le même objet, l'un public et faux pour les archives ministérielles, l'autre confidentiel et vrai pour les seuls ministres. »

Malgré la discrétion des hommes d'État anglais, quelque aveux ont pu être enregistré : Pitt déclara un jour à Lord Stanhope : « Quelque somme que l'on doive dépenser, il ne faut rien épargner pour allumer la guerre civile en France »[445].

Nou avons cité déjà l'aveu de lord Grenville. Lord Mansfield osa aussi dire au Parlement que l'argent dépensé pour fomenter en France une insurrection serait de l'argent bien employé[446]. Le Duc de Bedford avoue plus tard à la Chambre des Lords[447] : « Nos efforts ont beaucoup contribué à établir le régime de la Terreur en France, et notre ministère a eu une grande part aux

---

[444] V. IV, p. 262.

[445] HAMEL : *Histoire de Saint-Just,* p. 422.

[446] Sorel : *L'Europe et la Révolution,* t. III, p. 462.

[447] 27 Janvier 1795.

malheur qui y sont arrivés »[448].

M. de Montmorin écrivait avec beaucoup de bon sens au début de la Révolution : « Les troubles qui agitent le royaume fixent l'attention de toute les puissances, et la plupart d'entre elles les voient avec une secrète joie... Parmi ces puissances il faut distinguer la Grande-Bretagne... On sait que le désir d'affaiblir la France est le premier m bile de la politique. »

Montmorin avouait ne pas trouver de preuves précises, parce que, disait-il, dès le 13 août, « la police n'existe plus. Mais ce qu'il y a de certain, c'est que l'argent a été répandu avec la plus grande profusion parmi les soldats comme parmi le peuple »[449].

M. de La Luzerne répond à Montmorin que nos premiers troubles ont très vraisemblablement été fomentés par Dorset.

« Les premières étincelles de notre Révolution, a dit Napoléon Ier, tous les crimes horribles qui en furent la suite, sont l'ouvrage de Pitt... La postérité le reconnaîtra... Cet homme tant vanté de son temps ne sera plus un jour que le génie du mal »[450].

Les journées d'Octobre ont incontestablement été organisées par le gouvernement anglais avec l'aide du duc d'Orléans. Les correspondance diplomatiques en font foi aussi bien que les témoignages des contemporains. Après ces journées, Lafayette fit donner au duc d'Orléans une mission en Angleterre. L'idée n'était peut-être pas très heureuse puisque le prince paraissait conspirer avec l'aide de ce pays ; mais avant tout la cour voulait

---

[448] Il va sans dire que les agissements des ministres Anglais il y a cent-trente ans ne peuvent diminuer la dette de reconnaissance contractée par la France en 1914 envers la grande nation venue à notre aide pour repousser l'invasion des Barbares d'outre-Rhin.

[449] *Archives des Affaires étrangères*, Londres, v. 570.

[450] *Mémorial de Sainte-Hélène*, v. VII, p. 218.

l'éloigner de Paris. Philippe-Égalité eut pour instructions de rechercher à Londres les auteurs des troubles — cette recherche ne devait pas lui être très difficile. — Lafayette lui fit observer : « Vous y êtes plus intéressé qu'un autre, car personne n'y est autant compromis que vous »[451]. Lafayette donna ensuite à entendre au Prince que s'il refusait d'aller à Londres il pourrait bien être arrêté.

Notre ambassadeur à Londres, M. de la Luzerne, fut chargé de surveiller le duc d'Orléans. Les ministres anglais firent devant-lui la remarque que le Prince « quittait la France plutôt par nécessité que par l'effet de sa propre volonté ».

M. de La Luzerne protesta contre une pareille idée avec la même assurance que le ministre anglais lorsqu'ils affirmaient être étranger à nos troubles. C'était le cas de dire comme Beaumarchais : « Qui trompe-t-on ici ? ».

La Luzerne écrivait le 30 novembre : « Je cherche à découvrir si, au lieu de parler des affaires des Pays-Bas aux ministres anglais, le duc d'Orléans ne se concerterait pas avec eux pour exciter de nouveaux troubles en France... Mais le roi et M. Pitt ont si mince opinion de M. le duc d'Orléans, il le croient si peu fait pour être chef d'un parti, qu'il ne mêleront pas leurs affaires avec les siennes. Je ne puis vous dire combien l'arrivée de ce Prince a donné mauvaise opinion de sa personne aux Anglais de toutes-les classes...

« Le duc d'Orléans ne me parle jamais de ses visites aux ministres anglais que je sais être fort fréquentes »[452].

Quelques mois plus tard le Prince, s'ennuyant à Londres, demande à rentrer à Paris, à moins cependant qu'il ne soit nommé

---

[451] Louis Blanc, t. III, p. 250.

[452] *Archives des Affaires étrangères,* Londres, v. 571 et 572.

ambassadeur à la place de La Luzerne. Cette insinuation n'a aucun succès.

Pour l'anniversaire du 14 juillet, le gouvernement anglais prévoyait de graves désordres, et le prince de Galles sollicita vivement le duc d'Orléans de retourner à Paris afin d'y assister[453].

En dénonçant plus tard à l'Assemblée les projets du duc d'Orléans, Ribes, député des Pyrénées-Orientales, prétendait que le Prince avait conclu l'arrangement suivant : Il abandonnerait nos colonies à l'Angleterre en échange de l'appui du gouvernement britannique qui devait le pousser au trône[454]. Ribes signalait le fréquent voyage de Talleyrand et de Philippe Égalité ; Londres, et les articles de journaux payés par la société des Amis des noirs. Mais le duc d'Orléans était défendu par Robespierre, Danton, Marat et les Cordeliers[455]. Des gens malintentionnés supposaient avec assez de vraisemblance que l'appui de ces personnages n'était pas désintéressé.

Après la fuite de Varennes, Fox déclara le moment venu d'abolir la royauté en France[456]. Au mois de septembre 1791, Mercy Argenteau affirmait à notre ambassadeur que l'Angleterre avait fomenté nos premier désordres et continuerait jusqu'à la ruine totale[457]. Worontzof s'irritait de l'aveuglement de la Russie et de l'Espagne « qui ne voient pas les menées de l'Angleterre en France »[458]. Et notre ambassadeur à Londres écrivait : « L'Angleterre n'a plus rien à redouter de la France et peut sans

---

[453] *Archives des Affaires étrangères*, Londres 573 et 574.

[454] Pallain : *Mission de Talleyrand à Londres*, p. 345 et 346.

[455] Mémoires de Bouillé. Mémoires de Louvet.

[456] E. Champion : *L'esprit de la Révolution Française*, p. 200.

[457] *Archives des Affaires étrangères*, Londres, 578.

[458] *Id.*, v. 579.

crainte s'arroger la suprématie dans les deux Mondes ».

On commença alors à parler timidement à Paris de la candidature du duc d'York au trône.

Second fils du roi d'Angleterre, le duc d'York avait épousé une princesse de Prusse, et ce mariage, dit M. Aulard, « l'avait rendu sympathique aux patriotes »[459]. Le comité secret des Jacobins, sur la proposition de Manuel et de Thuriot décida en 1792 de remplacer Louis XVI soit par le duc d'York, soit par le duc de Brunswick, soit par Philippe Égalité[460]. La candidature du duc d'York fut alors soutenue par Carra au club des Jacobins[461].

L'année suivante, le général Wimpffen, député de Caen, proposa de nouveau de demander un roi à l'Angleterre[462]. Un détachement de la garnison de Valenciennes répand alors le bruit qu'il faut porter au trône le duc d'York qui seul peut faire le bonheur de la France. On trouve de l'argent anglais dans la poche de ces soldats.

Montgaillard a prétendu avoir été chargé par Robespierre de négociations avec le duc d'York. On lit dans les mémoires de Garat : « Les Jacobins, qui ont l'air de mener la France, sont mené par les Cordeliers ; les Cordeliers se préparent à verser des flots de sang pour en faire sortir un nouveau trône (le duc d'York) ».

Une lettre de Noël, notre agent diplomatique à Londres, vint calmer l'enthousiasme des partisans du Prince anglais. « Quelques personnes, écrit-il, m'ont paru persuadées que l'on

---

[459] AULARD : *Histoire politique de la Révolution. Française*, p. 254.

[460] G. Bord : *Autour du Temple*, t. I, p. 191 et 578.

[461] *Archives nationales*, A. F'', 45, rég. 355.

[462] Aulard : *Histoire politique de la Révolution Française*, p. 897.

songeait sérieusement à offrir la couronne au duc de Brunswick. J'ignore les intentions de l'Assemblée et du Conseil. Mais, si la France n'est pas dégoûtée des rois, je crois de mon devoir de vous dire ce que j'ai appris sur le duc d'York, dont vous savez que quelques papiers français ont parlé dans le même sens. Féroce jusqu'à faire mourir des soldats sous le bâton, sanguinaire, sans talent, sans esprit, ivre tous les jours, l'horreur et le mépris de la nation anglaise, il n'a jamais annoncé aucune inclination honnête ni humaine, et la mauvaise santé du prince de Galles fait entrevoir avec effroi le moment où un pareil homme sera roi »[463]

Les partisans du duc d'York ne tardèrent pas à se rallier à la candidature du duc de Brunswick que la faction d'Orléans fit échouer.

La mauvaise récolte et la disette étaient exploitées par les meneurs de la Révolution afin de soulever le peuple. Le gouvernement anglais en profita pour faire en France des achats considérables de blé et de farine ; il aggrava ainsi la situation[464].

D'ailleurs, dans son discours du 8 thermidor, Robespierre déclara à la Convention que « la famine résulte des agissements de l'Angleterre »[465].

Le rapport de Cambon au comité de Salut Public, accusait aussi les étrangers d'être les auteurs responsables de la crise et attribuait aux agissements de Pitt la baisse des assignats[466].

Au moment des journées du 20 juin et du 10 août, lorsque les groupes armés se forment, les agents du ministère anglais s'y

---

[463] *Archives des Affaires étrangères,* Londres, v. 582.

[464] Voir sur ce sujet les Mémoires du porte-drapeau Orson, publiées par F. CASTANIÉ.

[465] Discours et rapports de Robespierre, p. 420.

[466] MATHIEZ : *La Révolution et les étrangers,* p. 136.

disséminent pour les exciter[467].

Il n'est pas sans intérêt de remarquer que dès le 4 août, lord Gower avait annoncé à Londres l'attaque prochaine des Tuileries. Lord Grenville lui répondit : « Exprimez au roi nos sentiments d'amitié et de bon vouloir, mais *rien d'écrit* ». Le cabinet de Londres affectait évidemment la neutralité.

D'après M. de Montmorin, presque tous ceux qui ont forcé les portes des Tuileries le 20 juin étaient des étrangers.

Plusieurs Anglais envoient de l'argent aux veuves des patriotes tués le 10 août[468] ; d'autres en adressent aux émeutiers blessés pendant l'insurrection.

Les massacres de septembre ne sont pas, écrit Lindet, le résultat d'un mouvement populaire : « Tout était ordonné »[469]. (C'est un révolutionnaire qui parle, et non un réactionnaire.) Danton et Camille Desmoulins avaient annoncé les massacres avant qu'ils n'aient commencé.

Pendant ces affreuses journées, deux Anglais en redingote versaient des verres de vin aux assassins en leur disant : « Prenez des forces et bon courage »[470].

Le salaire des massacreur était d'un louis par jour ; quelques-uns touchaient vingt-quatre francs.

---

[467] Biré : *Journal d'un bourgeois de Paris*.

[468] *Recueil de Tuetey*, t. IV, 2911 et 2950.

[469] Madelin : *La Révolution Française*, p. 260

[470] Papiers du Marquis Garnier. Déclaration du citoyen Jourdan, ancien président du district des Petits-Augustins. Mémoires de Montgaillard. Collection des mémoires sur la Révolution Française.

Ces massacres étant une maladresse en même temps qu'une cruauté, ne pouvaient que nuire à la cause révolutionnaire. Si donc le syndicat étranger en a vraiment été l'instigateur, la seule explication plausible nous semble la suivante : il aura voulu discréditer les hommes qui commençaient à devenir trop puissants, et en même temps faire révolter les modérés contre les Jacobins.

Le roi d'Angleterre était évidemment partagé entre deux sentiments : il souhaitait la chute de la monarchie française, mais il craignait la contagion des idées révolutionnaires. En tout cas, il ne devait pas désirer la mort de Louis XVI.

Mais Pitt fut impitoyable : lors des négociations secrètes avec la Convention, Danton se déclara prêt à sauver le roi moyennant un million à distribuer habilement à ses collègues ; Théodore Lameth transmit la proposition à Pitt qui refusa[471]. Le jugement fut rendu avant que les monarchistes aient eu le temps de se procurer ailleurs la somme demandée. Il est impossible de savoir si William Pitt avait tenu la proposition secrète ou s'il l'avait communiquée à son souverain.

Talon, ancien lieutenant criminel au Châtelet, fit à Charles Lameth la déclaration suivante[472] : « Pitt veut la mort du roi de France. Rien de ce que j'ai pu exprimer ne l'a ému ni ébranlé. Danton répond du salut de Louis XVI si l'Angleterre veut ajouter deux millions à ce dont peut disposer le chevalier Ocariz[473]... Pitt veut en France le pendant de Charles Ier. »

Talon répéta ce témoignage devant la justice consulaire : Pitt et les puissances étrangères se refusèrent aux sacrifices

---

[471] Lord Acton : *Lectures on the French Revolution*. Holland Rose : *Pitt*, p. 94.

[472] G. Rouanet : *Danton et la mort de Louis XVI* (Annales révolutionnaires, janvier-février 1916).

[473] Ministre d'Espagne.

pécuniaires demandés par Danton pour sauver le roi.

Au temps où Talon distribuait les fonds secrets de la monarchie, il avait pris Danton à son service ; le célèbre tribun lui procura un passeport pour émigrer[474].

L'Irlandais Thomas Whaley, qui voyageait en France pendant la Révolution, raconte dans ses mémoires l'anecdote suivante :

« Le 21 janvier, quelques-uns de mes compatriote entrèrent au café et, d'un air de parfait contentement de soi, me montrèrent leurs mouchoirs qu'ils avaient obtenu la permission de plonger dans le sang du roi. »

Le duc d'Orléans avait formellement promis à Mme Dalrymple Elliot de ne pas voter la mort de Louis XVI[475]. Il est probable qu'il y fut contraint par la franc-maçonnerie ; la honte et les remords qu'il en éprouva paraissent avoir été la cause de sa démission de grand-maître. En quittant la secte, Philippe Égalité perdit toute son influence et fut mis de côté en attendant d'être poursuivi et guillotiné.

Voilà donc la monarchie des Bourbons détruite ; l'Angleterre a gagné la première partie. Burke tire des événement la conclusion suivante : « Les Français ont renversé leur monarchie, leur église, leur noblesse, leurs lois, leur armée, leur marine, leur commerce... Ils ont fait nos affaires mieux que vingt Ramillies »[476].

Après la chute du trône de Louis XVI, le gouvernement anglais ne resta pas inactif. La pièce suivante saisie par la police

---

[474] MATHIEZ : *Danton et la mort du Roi.* (Annales révolutionnaires, juin 1922, p. 235-236.

[475] Mémoires de Mme Dalrymple Elliot, p. 37.

[476] STANHOPE ; *William Pitt.*

française en est la preuve :

« Le roi de France est mort ; que nous importe Nou n'avons dessein que de rétrécir la France, la détruire, de manière qu'elle ne soit plus un balancier dans l'équilibre politique...

« Il faut élever différents partis, les diriger tous, organiser l'anarchie, etc... »

Mais la mort de Louis XVI est le signal d'une volte-face dans le plan du syndicat étranger. Le but primitif de la Révolution était atteint ; l'incendie allumé à Paris menaçait maintenant de gagner l'Europe. Déjà en apprenant l'arrestation de Louis XVI à Varennes, le roi de Prusse s'était écrié : « Quel terrible exemple ! »[477]. En Angleterre, des clubs révolutionnaires prenaient modèle sur les nôtres ; il était imprudent de favoriser les idées nouvelles. En outre, les armées de la Convention se montraient beaucoup plus redoutables que l'Europe ne l'avait prévu ; et cependant nos principaux généraux avaient été proscrits, Lafayette, Dillon, Dumouriez, Custine, Biron, Montesquieu, Valence, Houchard, Miaczinki, etc.

Dès lors, la politique de l'Angleterre doit tendre à diminuer la force du parti républicain ; en conséquence, le mot d'ordre est donné de favoriser non plus les complots Jacobins, mais les complots royalistes et les insurrections des Chouans et des Vendéens. Quatre millions sont envoyés à Lyon dans le même but par le cabinet de Londres.

D'après Barbaroux, le plan de Pitt est de restaurer la monarchie dans le Nord en laissant le Sud de la France en république. Il aurait ensuite aidé la république méridionale à

---

[477] *Archives des Affaires étrangères,* Berlin, v. 212.

combattre la monarchie septentrionale[478].

Parmi les efforts à encourager se trouvait évidemment la conspiration de Jean de Batz. Les sommes dépensées par ce personnage extraordinaire paraissent trop importantes pour provenir uniquement de sa fortune personnelle et, au moment de la mort de Louis XVI, la caisse royaliste n'était pas très garnie. Les banquiers anglais Boyd et Kerr étant du nombre des agents de Jean de Batz, il est permis de supposer qu'ils ont été les intermédiaires des avances consenties par le gouvernement britannique pour combattre la Convention. Voici, d'après les archives nationales[479], la liste des principaux agents du célèbre conspirateur :

Proli.

Pereira.

Desfieux, marchand de vins.

Dufourny de Villiers, administrateur des poudres et salpêtres.

Gusman.

Guyot Desherbiers, juge au Tribunal civil.

Lullier, procureur syndic.

Noël, commissaire.

Varlet, Fournerot, Chapelle, apaches.

Burlandeux, policier.

Frei, banquier juif.

Jauge, courtier à la Bourse.

Benoist.

---

[478] *Archive nationales,* A. F" 45.

[479] *Id.,* F. 7, 4774, 67.

Boyd.
Kerr.
Dulac,
Dossonville,   } policiers.
Marino,
Dangès,
Soulès,
Froidure,

Le cabinet de Vienne semble avoir exactement le même plan que Jean de Batz. Les confidences de Hefflinger et la correspondance de Jeanneret, agent diplomatique, en font foi[480].

Une fois au pouvoir, les meneurs de la Révolution paraissent surpris de leur succès et font aussitôt preuve d'un grand désarroi. Suivant l'expression de Joseph de Maistre, il ne conduisent pas les événements ; il ont conduit par eux. « Il y a quelque chose de passif et de mécanique dans les personnages en apparence les plus actifs de la Révolution. Des hommes médiocres comme Robespierre, Collot d'Herbois ou Billaut Varennes ont été le plus étonnés de leur puissance »[481].

N'est-ce pas toujours la main invisible dont nous avons signalé l'action ?

Le gouvernement révolutionnaire s'acheminant vers la banqueroute, les ministres anglais firent établir des fabriques de faux assignats pour précipiter la panique financière. Ce fait, signalé par les rapports de nos agents diplomatiques[482], fut

---

[480] Voir chapitre X.

[481] J. de Maistre : *Considérations sur la France*, p. 10.

[482] *Archives des Affaires étrangères*, Londres, supplément, v. 15. Rapport sur le

dénoncé par Sheridan à la Chambre des Communes (séance du 18 mars 1793).

La diplomatie de Pitt avait armé contre la France la plupart des puissances de l'Europe en observant une neutralité apparente — c'était agir habilement. — Mais après l'exécution de Louis XVI, le gouvernement britannique fit remettre ses passeports à notre ambassadeur. La Convention hésita d'abord à répondre à cette insulte par une déclaration de guerre. Puis, s'il faut croire Maret (le futur duc de Bassano), un certain nombre d'hommes haut placés ayant joué à la baisse, firent rompre définitivement avec l'Angleterre[483].

À l'ouverture des hostilités, les Anglais résidant en France se disposaient à partir, lorsque le ministère britannique les invita à rester sur le continent, à moins de permission spéciale : il étaient trop utiles ! Les Conventionnels étaient tellement dans la main de l'Angleterre qu'il ne s'y opposèrent pas dans les commencements. Mais il survint tant de dénonciations contre les Anglais et contre les membres du gouvernement soudoyés par eux, qu'il devint difficile de fermer les yeux : le 19 octobre 1793, la Convention vota l'arrestation de tous les étrangers dont les gouvernements étaient en guerre avec la France.

Robespierre demanda néanmoins qu'il y eût des exceptions, à cause « d'un certain nombre d'entre eux qui exerçaient avec honneur des fonctions publiques »[484].

Ce décret rendit beaucoup plus difficile la tâche du syndicat anglo-prussien. Mais quelques bons agents secrets purent continuer à faire des générosités aux hommes politiques français.

---

message du Cabinet Britannique.
[483] Correspondance de W. A. Miles, p. 86.
[484] Hamel : *Histoire de Robespierre,* t. III, p. 189.

Les agissements de la Prusse semblent avoir passé inaperçus à Paris ; d'ailleurs, Éphraïm et Cloots n'avaient pas été remplacés. En revanche, à plusieurs reprises, Barère et Camille Desmoulins dénoncent l'Angleterre : dans son rapport du 6 mars 1793, Barère répète que Pitt a soudoyé les émeutes en France ; il ajoute qu'il ne veut pas faire d'autres révélations[485]. Ce n'était d'ailleurs un mystère pour personne. Aussi Garnier proposa-t-il à la Convention de décréter que tout le monde avait le droit d'assassiner Pitt. Mais l'Assemblée se contenta de décréter que — Pitt était « l'ennemi de l'espèce humaine »[486]. Le ministre anglais ne semble pas en avoir été autrement ému.

Avant la proscription des étrangers, huit ou dix Anglais « collaboraient avec les Jacobins et les dirigeaient »[487].

S'agissait-il de voter ? Un si petit nombre d'électeurs osaient se diriger vers les urnes, que les votes étaient faciles à modifier. Les modérés ne prenaient pas part au scrutin ; ainsi, la proportion des abstentions à l'élection du Conseil général de la Commune de Paris est de 95%. Le nombre des votants à l'élection du maire de Paris est de 71,5%. Dans ces conditions, les votes ne coûtent pas cher à acheter. Quant au public des tribunes, représentant l'opinion du peuple, nous avons donné les chiffres de son salaire.

Nous n'avons pu découvrir ce que devinrent, après le décret contre les étrangers, les huit ou dix Anglais signalés par lord Auckland. Le seul d'ailleurs dont le nom ait été avoué est Auguste Rose, signalé comme l'un des « dix surveillants de la Convention »[488].

---

[485] Voir entre autres : BLIARD : *Les Conventionnels régicides,* p. 143 et suiv.

[486] Buchez et Roux : *Histoire parlementaire,* tome XXXVIII. *Moniteur* du 9 août 1793.

[487] Papiers de Lord Auckland, 4 septembre 1792.

[488] ALGER : *Englishmen in the French Revolution,* p. 195 et suiv.

Il est probable que Fox était en relations constantes avec les Jacobins. Ainsi, lors de l'arrestation de Mme Elliot, l'amie de Philippe Égalité, le tribunal révolutionnaire lui reprocha d'être en correspondance avec Fox. « M. Fox, répondit-elle, n'est-il pas l'ami du comité de surveillance ? »[489].

Dans l'acte d'accusation des Hébertistes on lit : « Le gouvernement anglais et les puissances coalisées sont les chefs de cette conjuration[490].

Un rapport de Barère affirme que « les Anglais ont, de Dunkerque à Bayonne et de Bergues à Strasbourg, des corrupteurs secrets et des intelligence dans les garnisons »[491].

Robespierre luttait sans cesse contre l'Angleterre, dénonçant les agissements de Pitt et proscrivant à tort et à travers tous les citoyens soupçonnés de pactiser avec l'étranger. Il devenait trop puissant et trop gênant ; la coalition anglo-allemande s'efforça de le renverser et favorisa le mouvement réactionnaire du 9 thermidor. C'est l'Anglais A. Rose qui fut chargé de conduire Robespierre prisonnier au comité de Salut Public.

La main de l'étranger se retrouve encore dans les désordres connu sous le nom de Terreur blanche. Sans doute, un certain nombre de royalistes voulurent venger leurs parents et amis guillotinés, mais dans beaucoup de localités on signale parmi les émeutiers les mêmes révolutionnaires qui massacraient autrefois les royalistes au nom de la république, et qui massacrent maintenant les républicains en se disant Thermidorien[492]. Ils avaient sans doute un motif pour agir ainsi ; n'est-il pas naturel

---

[489] Mémoires de Mme Dalrymple Elliot, p. 127. Duchesse de Brissac : *Pages sombres*.

[490] Buchez et Roux, t. XXXI, p. 364.

[491] Buchez et Roux, t. XXXIII, p. 118.

[492] Voir Buchez et Roux : *Histoire parlementaire*, t. XXXVI, p. 411.

de supposer que ce motif n'était autre que le salaire habituel des émeutiers ?

Après les victoires des armées républicaines, l'émigration avait reporté ses espérances sur les conspiration tramées par des agents dont « la plupart sont payés grassement sur les fonds anglais »[493].

Lorsqu'à la mort de Louis XVII les émigrés proclamèrent roi le comte de Provence (24 juin 1795), William Pitt lui dépêcha un ambassadeur secret, lord Macartney. Il avait la prétention de dicter au Prince sa conduite future vis-à-vis de la France ; l'appui du cabinet britannique avait, dit-on, été offert en 1789 au duc d'Orléans en échange de nos colonies ; il fut offert en 1796 au comte de Provence, toujours en échange de nos colonies, et en outre à condition d'une rectification de frontières aux Pays-Bas. Louis XVIII s'indigna et se hâta de publier la déclaration de Vérone pour couper court aux intrigues de Pitt. Sa droiture le privait d'un secours puissant. Néanmoins, l'Angleterre, en lutte contre la Convention, avait intérêt à favoriser la contre-révolution ; seulement, ainsi que l'a observé Hyde de Neuville, le jeu du gouvernement britannique consistait à « tenir la république en échec, entretenir la résistance juste assez pour la prolonger, mais ne pas la secourir assez efficacement pour la rendre victorieuse »[494].

Les agents du cabinet de Londres se vantent en 1795 de disposer des anarchistes, d'organiser des « journées » et d'en retirer le profit[495]. Comme ils ne sont pas toujours d'accord avec les agents des Princes qui les contrecarrent et quelquefois les dénoncent, le gouvernement anglais s'en venge en Bretagne.

---

[493] Trudeau Dangin : *Royalistes et républicains.*

[494] Mémoires d'Hyde de Neuville, p. 242.

[495] Sorel : *L'Europe et la Révolution Française*, t. IV, p. 350.

On lit dans les souvenirs d'un émigré (comte de Coetlogon) récemment publiés par la *Revue hebdomadaire*[496] : « Je vis clairement que l'Angleterre et les autres rois de l'Europe ne voulaient que prolonger les troubles de la France et attendre l'instant favorable où ses convulsions l'auraient affaiblie, pour pouvoir la démembrer plus facilement. »

Pendant toute la durée de la Révolution, les émigrés furent les dupes de l'Angleterre. « Je n'eus pas de peine, disait Hoche, à convaincre Cormatin que les Chouans, les Vendéens et les émigré avaient été joués par la coalition et notamment par l'Angleterre »[497].

Vaudreuil s'efforçait en vain d'ouvrir les yeux du comte d'Artois : « Je vous vois, écrivit-il au Prince, toujours dupe des assurances de Pitt, et cela m'afflige. Je ne puis croire au secours de l'homme le plus intéressé à notre perte et que j'en crois toujours le principal ouvrier »[498].

On a critiqué avec assez de raison la déplorable inertie des Princes pendant que leurs partisan se faisaient tuer en Bretagne et en Vendée. Mais il faut reconnaître que c'est surtout l'Angleterre qui en est responsable.

Tantôt le cabinet de Londres s'opposait franchement au débarquement du comte de Provence et du comte d'Artois sur les côtes françaises, tantôt il trouvait des prétextes pour retarder l'opération de semaine en semaine. De temps en temps, il estimait la vie du prétendant trop précieuse pour l'exposer en Bretagne. Puis après avoir promis une armée, il se bornait à envoyer en Vendée de faux assignats.

---

[496] 12 août 1922, p. 225.

[497] H. WELSCHINGER : *Le Baron de Cormatin*, p. 44.

[498] Correspondance de Vaudreuil, 3 juillet 1790.

Voici d'ailleurs quelle était, sur ce sujet, l'opinion de Napoléon Ier : « Si la politique anglaise avait permis qu'un prince français se mît à la tête de la Vendée, c'en était fait du Directoire »[499].

Bien plus, il résulte d'une confidence de Napoléon au général d'Andigné (le 27 décembre 1799), qu'il aurait dans ce cas restauré la royauté : « si les Princes eussent été dans la Vendée, j'aurai travaillé pour eux »[500].

« Mon inactivité, écrivait le comte de Provence au duc d'Harcourt, donne occasion à mes ennemis de me calomnier. Elle m'expose même à des jugements défavorable de la part de ceux qui me sont resté fidèles, jugement que je ne puis appeler téméraire, puisque ceux qui les portent ne sont pas instruits de la vérité »[501].

M. Gautherot, dans un intéressant ouvrage sur *l'Épopée Vendéenne,* donne des détails précis sur la duplicité du gouvernement anglais envers les royalistes français. certains moments, il fut défendu, sous peine de mort, aux pilotes de conduire en France les émigrés voulant rejoindre les Vendéens.

De son côté, l'Autriche s'appliquait également à contrarier les efforts de Louis XVIII : lorsque le prétendant se mit à la tête des émigrés, la cour de Vienne lui fit savoir que s'il ne quittait pas l'armée sur-le-champ, des mesures seraient prise pour l'y contraindre[502].

---

[499] Mémorial de Sainte-Hélène. Mémoires d'Hyde de Neuville, p. 234.

[500] H. WELSCHINGER : *Le Baron de Cormatin,* p. 32.

[501] L. Sciout : *Le Directoire,* t. I, p. 332 et suivantes. Voir aussi la correspondance diplomatique que nous publions à la fin de ce volume (Pièces justificatives, p. 276).

[502] E. DAUDET : *Les Bourbons et la Russie pendant l'émigration,* p. 62.

Lord Grenville confiait au comte Stadion :

« Nous donnons à tous les partis français des espérances qui ne nous engagent à rien, pour entretenir et fomenter les troubles intérieurs. »

Sou le Directoire, l'agent anglais Wickham centralise à Bâle les correspondances avec les royalistes de toute la France. Il les aide dans leurs complots, dépendant beaucoup de zèle et beaucoup d'argent pour amener au parti monarchiste des membres du gouvernement[503]. Mais quelquefois il croit les avoir achetés et il arrive que des intermédiaires suspects empochent l'or anglais et ne reparaissent pas.

Le Directoire réussit à faire expulser Wickham de Suisse en 1797, mais Talbot ne tarde pas à le remplacer. Un crédit de 1.250.000 francs, ouvert par Wickham aux conspirateurs royalistes, n'avait pas été touché, au grand étonnement de l'Angleterre. Talbot reçut l'ordre de conserver un million à leur disposition. Cependant Poteratz, agent diplomatique à Bâle, continue à signaler la conduite sournoise de l'Angleterre envers les émigré « qu'elle a soutenus aussi longtemps qu'ils ont paru être utiles à ses desseins et qu'elle a sacrifiés à Quiberon et en Allemagne »[504].

Nous avons déjà appelé l'attention sur les rapports secrets de l'Angle terre avec notre diplomatie. Après Duroveray, l'espion Baldwin était entré officiellement au ministère des Affaires étrangères en 1791. La nomination de Reinhardt sous le Directoire prouva encore « l'ascendant de la cour : de Londres sur la direction de notre diplomatie »[505]. Reinhardt, fils d'un

---

[503] Lebon : *L'Angleterre et l'émigration*, Préface, p. 25.

[504] *Archives des Affaires étrangères*, Vienne, v. 365.

[505] *Journal des hommes libres*. Fr. Masson : *Le département des Affaires étrangères pendant la Révolution*, p. 435.

pasteur allemand, était d'ailleurs un homme de talent.

À la fin de l'année 1796, le gouvernement anglais conseille aux Vendéens et aux Bretons de se tenir tranquilles parce qu'il se prépare à faire les élections en France en achetant les électeurs[506]. Mais le complot de Brottier étant découvert, les agents anglais conseillent à leur gouvernement d'attendre les événements.

Les modifications apportées aux plans du cabinet de Londres sous le Directoire n'empêchèrent pas l'influence anglaise de s'exercer à Paris avec autant de succès que sous la Convention. Un jour, W. Pitt est avisé secrètement que « Talleyrand pourra donner satisfaction à l'Angleterre si une somme suffisante est versée à Barras, Rewbell et leur clique »[507]. Une autre fois, c'est Barras qui est averti de la trahison d'un membre du gouvernement. « Les plans et instructions du Directoire ont régulièrement communiqué à Pitt »[508]. Thauvenay, agent et ami du comte de Provence, signale à d'Avaray que lord Fitz-Gerald a avec le Directoire une correspondance criminelle qui passe par Hambourg.

Malgré les lois contre les étrangers, les agents anglais continent à fourmiller à Paris. Ainsi, lors de la fameuse évasion de Sidney Smith en 1798, le faux ordre d'élargissement du ministère de la Marine est apporté à la prison par l'Ecossais Keith, de la maison Harris, commanditée par Boyd[509].

Au début du Consulat, plus de cinq mille Anglais se trouvaient à Paris ; on rencontrait Fox, Rolland, Fitz-Gerald, Spencer, etc. À mesure que les loges maçonnique se rouvrent,

---

[506] Lebon : *L'Angleterre et l'émigration*, p. 215.

[507] Holland Rose : *William Pitt*, p. 325.

[508] *Mémoires de Barras*, t. II. (Ces mémoires étant soupçonnés par quelques auteurs d'être apocryphes, nous les citons sous toutes réserves.)

[509] DESMARETS : *Quinze ans de haute police*.

peu à peu les Anglais s'empressent de les fréquenter. La loge de Douai compte à elle seule une centaine de sujets britanniques[510].

M. L. Madelin, dans une intéressante conférence sur Fouché[511], signalait récemment un réseau d'agences anglaises couvrant l'Europe entière au début de l'Empire. Celle de Bordeaux durait encore en 1814, et lorsque les Anglais de Wellington entrèrent dans cette ville, M. Madelin nous apprend qu'ils y furent « comme chez eux ».

En résumé, le but du syndicat étranger était atteint en France à la fin du Directoire : l'anarchie semblait définitive, la religion catholique semblait détruite, la France ruinée et désorganisée, ne pouvait plus jouer de rôle en Europe.

Mais, avec toute son habileté, le gouvernement britannique ne sut pas empêcher le dix-huit Brumaire. Il n'avait pas compris qu'en semant l'anarchie il préparait la dictature.

Alors, en se débarrassant d'un adversaire pacifique, l'Angleterre contribua involontairement à porter au trône son ennemi le plus redoutable. Le peuple français, qui s'était révolté contre l'autorité débonnaire de Louis XVI, accepta joyeusement la tyrannie de Napoléon Ier. Les démagogues devinrent les plats courtisans du pouvoir absolu ; et l'Europe étonnée vit la nation française se relever de ses ruines pour voler de victoire en victoire.

---

[510] C'étaient pour la. plupart des prisonniers de guerre dont beaucoup s'évadèrent grâce à la complicité des francs-maçons Français.

[511] Voir la *Revue Française* du 14 juin 1914.

PIÈCES JUSTIFICATIVES

Documents diplomatiques relatifs à l'action de l'Angleterre en France au début de la Révolution

1ᵉʳ juillet 1789. — *Versailles :*

« ... On dit publiquement que l'Angleterre soudoie un nombre considérable d'agents pour exciter les troubles... »

2 juillet. — ... On persiste à croire que ce sont les Anglais seuls qui soulèvent le peuple...

3 juillet. — ... On soupçonne toujours les Anglais d'avoir ici des agents secrets qui répandent de l'argent... »[512].

13 août. — *Versailles :* (*M. de Montmorin au ministre de France à Berlin.*)

« ... Les rapports qui existent entre l'Angleterre et la Prusse relativement à nos affaires intérieures et la conférence qui s'est tenue à Potsdam fortifient nos soupçons à l'égard de ces deux puissances...

Nous ne saurons regarder comme des calomnie ce que l'on dit de leurs menées secrètes...

---

[512] *Archives des Affaires étrangères,* France, v. 1405. (Bulletins relatant les événements survenus depuis l'ouverture des États Généraux jusqu'au 15 juillet, et adressés par le Ministère à ses agents diplomatiques).

Le roi vous recommande particulièrement de faire ce qui dépendra de vous pour découvrir ce qui s'est passé dans la conférence mystérieuse dont vous rendez compte... Nous avons lieu de penser que la Hollande participe au complot des cours de Londres et de Berlin... »[513].

20 juin. — *Berlin :* (*Le comte d'Esterno à M. de Montmorin.*)

... « Toutes les personnes qui ont accès auprès du roi de Prusse sont vendues à l'Angleterre. La comtesse de Bruhl, femme du gouverneur du Prince Royal, est anglaise et fanatique dans le double sentiment de l'amour de son pays et de la haine pour la France... Le médecin de la cour, homme de beaucoup d'esprit, est Anglais... »[514].

31 juillet. — *Londres :* (*M. de La Luzerne au ministre.*)

... « Le duc de Leeds me disait hier avec un air de chagrin affecté qu'il avait été bien affligé de lire dans une dépêche de M. le duc de Dorset qu'un membre des États généraux avait fait entendre qu'une nation voisine et rivale paraissait avoir répandu de l'argent parmi le peuple pendant les derniers troubles... J'ai tâché de persuader M. le duc de Leeds que nous sommes très rassurés à cet égard. Mais dans le vrai, nous ne pouvons être trop attentifs sur la conduite des Anglais qui sera certainement aussi dissimulée qu'intéressée. »

3 août. — *Versailles :* (*M. de Montmorin à M. de La Luzerne.*)

« Les Anglais ont été violemment soupçonnés de répandre de l'argent parmi le peuple de Paris dans l'intention de le soulever... Je m'abstiens d'inculper le ministère anglais parce que je n'ai

---

[513] *Archives des Affaires étrangères.* Correspondance de Berlin, année 1789.
[514] *Id.*

aucune preuve à sa charge et il est d'autant plus difficile d'en acquérir que la police n'existe plus, mais ce qu'il y a de certain c'est que l'argent a été répandu avec la plus grande profusion parmi les soldats comme parmi le peuple... Je vous prie de porter votre attention sur cet objet. Comme beaucoup d'Anglais retournent chez eux pour fuir le tumulte, il peut se trouver des indiscrets qui pourraient au moins fournir des indices. »

10 août. — *Versailles :*

« Je ne saurais trop vous recommander la plus grande vigilance sur la part plus ou moins active que les Anglais pourraient prendre à nos troubles intérieurs »[515].

14 août. — *Londres : (M. de La Luzerne à M. de Montmorin.)*

Le début de la lettre expose la conviction que les troubles de Paris ont été fomentés par le duc de Dorset :

... « Je n'ai pas de moyen pour constater si effectivement il a employé autant d'argent qu'on le pense à Paris pour débaucher les troupes et pour séduire le peuple. Mais ce que je puis vous assurer c'est que dès que les troupes ont reçu ordre de s'approcher de Paris, et beaucoup avant leur arrivée, Dorset a assuré à sa cour que ces troupes se déclareraient pour le peuple de préférence au Roy. Cet esprit prophétique fait croire qu'il avait des données extrêmement positives et il est difficile d'imaginer comment il eût pu les acquérir s'il ne fût pas lui-même entré dans cette infernale intrigue »[516] :

27 septembre 1789. — *Londres : (Barthélemy à*

---

[515] La fin de la lettre recommande de surveiller les rapports des Français à Londres avec le Ministère Anglais.

[516] Correspondance de Londres, v. 570.

M. de Montmorin.)

... « Le roi d'Angleterre hait la France et voudrait que nos dissensions le vengent de la guerre d'Amérique... »

23 novembre.   - *Londres :   (M. de La Luzerne à M. de Montmorin.)*

... « Je cherche à découvrir si au lieu de parler des affaires des Pays-Bas aux ministres anglais, M. le duc d'Orléans ne se concerterait pas avec eux pour exciter de nouveaux troubles en France..., ·mais je ne crois pas que le roi ni M. Pitt soutiennent un Prince du sang contre le Roi. Ils ont si mince opinion de M. le duc d'Orléans, ils le croient si peu fait pour être chef d'un parti, qu'ils ne mêleront certainement pas leurs affaires avec les siennes. Je ne puis vous dire combien l'arrivée de ce Prince a donné mauvaise opinion de sa personne aux Anglais de toutes les classes...

Je fais suivre Laclos. Il écrit presque toute la journée et reçoit beaucoup de lettres de France...

Calonne voit en cachette M. le duc d'Orléans et M. Duroveray...

26 novembre. — ... On soupçonne la maison Drumond de faire passer de l'argent à la maison Hopp d'Amsterdam pour distribuer de l'argent à Paris. « Il y a à Paris deux Anglais, l'un nommé Danton [517] et l'autre Parc, que quelques personnes soupçonnent d'être les agent plus particuliers du gouvernement anglais...

---

[517] En face du nom de Danton, en marge de la lettre, se trouvent les mots : « Président du district des Cordeliers ». Mais cette note au crayon est d'une écriture différence de celles de M. de La Luzerne. et de M. de Montmorin. Doutant de son authenticité, nous la citons pour mémoire.

Mlle Boulard, femme de chambre de la Reine, est l'espionne du duc.

Les trois personnes les plus attachées au duc sont Pitra, Paris et l'abbé Fauchet. Il a aussi grande confiance dans un nommé Forth qui a jadis été envoyé à Paris par le gouvernement Anglais. Ce Forth voit souvent M. Pitt »[518].

Une lettre du 18 décembre signale le départ de Forth, « probablement pour Paris ».

Ier janvier 1790. — ... « Le duc d'Orléans étant toute la journée chez Mme de Buffon, est toute la journée invisible. Lorsqu'il vient chez moi : il me parle d'affaires générales et jamais de ses visites au ministre anglais, que je sais être fort fréquentes »...

3 janvier. — ... « Forth est revenu fort mécontent de sa mission. »

16 juillet. — Les Anglais s'attendaient à de graves désordres le 14 Juillet... « Le duc est vivement sollicité par le Prince de Galles de retourner à cette date à Paris... »[519].

5 janvier 1791. — Une lettre de Barthélemy signale les vœux ardents de l'Angleterre pour que les difficultés intérieures s'aggravent en France.

5 avril. — M. de La Luzerne, à la suite d'une conversation avec le roi d'Angleterre, résume son impression : « Tant que nous serons dans une situation à ne pouvoir nous mêler des affaires de l'Europe et surtout à ne pas rivaliser le commerce de l'Angleterre, on ne nous inquiétera pas. Mais aussitôt que notre

---

[518] Correspondance de Londres, v. 571 (dépêche chiffrée).

[519] Corr. de Londres, v. 574.

Gouvernement reprendra de la force et de la vigueur, on peut compter qu'il n'y a pas d'intrigues, de moyens ouverts ou détournés que ces gens n'employent pour retarder nos progrès et nous replonger s'ils le peuvent dans l'abîme où nous sommes maintenant[520].

2 septembre. — *Barthélemy à M. de Montmorin :*

« Le jour de son départ, M. de Mercy m'a dit : « J'ai toujours été d'opinion que l'Angleterre avait la main dans toutes les malheureuses divisions de votre patrie. Je pars d'ici plus convaincu que jamais de cette triste vérité, et que, contre l'intérêt de toutes les autres puissance qui voudraient voir la France reprendre sa force accoutumée, l'Angleterre continuera à chercher à la miner sourdement pour opérer sa ruine totale »...

M. de Mercy avoue qu'il y a eu des communications entre les principales puissances de l'Europe au sujet de nos affaires ; un concert est impossible à effectuer, surtout à cause des vues secrètes de l'Angleterre...

Un ministre étranger ayant demandé à Lord Dover, capitaine des gardes du roy, quel système il pensait que l'Angleterre suivrait vis-à-vis de la France : « Du temps de nos guerres civiles, répondit-il, la France a-t-elle soutenu chez nous le parti des royalistes ? »[521]...

2 décembre. — M. de Worontzof s'irrite de l'aveuglement de la Russie et de l'Espagne, qui ne voient pas les menées de l'Angleterre en France :

« Il convient à l'Angleterre qu'une longue anarchie empêche le retour d'aucun gouvernement en France. Si elle a empêché le

---

[520] Corr. de Londres., v. 577.

[521] Corr. de Londres, v. 579.

Landgrave de Hesse de donner des troupes aux Princes Français, c'est afin que leur parti ne prenne pas solidement le dessus ; mais d'un autre côté elle les excite vivement à entrer en France le armes à la main... »

30 décembre. — ... « Le roi d'Angleterre proteste contre les accusations de gens mal intentionnés qui se permettent d'attribuer nos troubles à l'Angleterre. Lord Granville répète les mêmes choses... Pitt a eu l'adresse de ne faire agir que sourdement et secrètement toutes ses menées contre nous... »[522].

Rapport de Saint-Just au Comité de Salut public. – 25e jour du 1er... mois de l'an II :

... « Les Anglais ont paru penser que le meilleur moyen de faire la guerre à une République naissante était plutôt de la corrompre que de la combattre... »[523].

Pluviôse, an II (sans signature) :

... « C'est le gouvernement Anglais qui intrigue à Paris, assassine les patriotes et contrefait la monnaie naturelle... »[524].

22 mars 1793. — ... « On ne peut douter qu'il n'y ait à Paris un grand nombre d'espions Anglais : 1° Presque tous les correspondants des journaux de Londres... 2° Ces personnages que l'on voit paraître et disparaître toutes les semaines alternativement à Paris et à Londres. Le plus remarquable est le capitaine Frazer, Ecossais... 3° Les trois supérieurs Irlandais Walsh, Keruy et Mahew... 4° On rencontre dans les cafés un grand nombre d'Anglais dont les propos décèlent sinon un complot formel contre le système de la liberté et de l'égalité, du

---

[522] Corr. de Londres, v. 579.

[523] Corr. de Londres, v. 588.

[524] *Id.*

moins un désir ardent de le voir anéanti... »

Mai 1793. - *Ducher au Ministre des Affaires étrangères :*

... « Depuis dix ans le ministère britannique tient à ses gages en France les économistes, cette secte tant préconisée par les banquiers anglais, hollandais et gènevois, qui s'enrichissent des effets de sa doctrine... »[525].

17 Floréal, an II. — *Buchot au Ministre : Amsterdam* –... « Les Comités doivent employer toute leur vigilance à prévenir les complots dirigés de Londres contre eux-mêmes et particulièrement contre Robespierre. Pitt prodigue à cela son or... »

19 Thermidor, an II. — *Bucher, commissaire des relations extérieures à Bâle, au ministre :*

« La convention de Pillnitz et tous les arrangements subséquents sont dus à l'or de l'Angleterre... »[526].

9 Vendémiaire, an III. - *Druy, agent secret, au ministre :*

Londres. — ... « Faire disparaître Pitt ou faire tomber sa tête, cela doit être le désir de tous les bons Français. Je ne vous engagerai pas à faire les plus petites démarches pour détruire celle de Georges, vu qu'il n'en a bientôt plus...

« Les agents principaux de Pitt sont dans Paris... »

An IV (non signé). — *Rapport sur le message du Cabinet*

---

[525] Cor. de Londres, v. 587.

[526] Corr. de Berlin, v. 213.

Britannique :

... « Les insurrections de Lyon, Toulon et Marseille, les guerres civiles, les descentes continuelles des émigrés sur nos côtes, tout est l'ouvrage de Pitt... Pour alimenter cette guerre intestine, n'a-t-il pas eu l'audace d'établir une manufacture de faux assignats. Je vous en mets les preuves sous les yeux... »[527].

15 décembre 1795. - *Poteratz au ministre : Bâle.* — ... « Rappelez-vous la conduite exécrable du gouvernement Anglais envers nous depuis le commencement de la Révolution... fomentant à force d'intrigues et d'argent des trouble sur tous les points de votre intérieur, envers les émigrés qu'elle a encouragés et soutenus aussi longtemps qu'ils lui ont paru utiles à ses desseins, qu'elle a sacrifiés depuis, soit à Quiberon, soit en Allemagne, et qu'elle finira par abandonner dès qu'ils cesseront de lui être nécessaires pour nous faire du mal... ; avec les Chouans et la Vendée auxquels elle ne fournit à dessein que de grandes promesses et des demi-secours... »[528].

La condamnation de Louis XVI par la franc-maçonnerie

Plusieurs historiens affirment que la Révolution Française et la mort de Louis XVI avaient été décidées en Allemagne aux convents maçonniques d'Ingolstadt et de Francfort.

L'opinion de Barruel sur ce point est confirmée par Cadet de

---

[527] Corr. de Londres, supplément, v. 15.

[528] Corr. de Vienne, v. 362.

Gassicourt, ancien franc-maçon[529]. Plusieurs membres de la secte ont fait à cet égard des déclarations formelles, entre autres MM. de Raymond, de Bouligny et Jean Debry. Ils passaient pour avoir quitté à cette occasion la franc-maçonnerie.

Une récente polémique de *l'Intermédiaire des chercheurs et des curieux* a mis en doute ces affirmations, en se basant sur le fait suivant : MM. de Raymond, de Bouligny et Jean Debry seraient restés francs-maçons ; donc ils n'ont pas quitté avec indignation la Société secrète qui décida la mort du roi de Suède et du roi de France. On en conclut que tous leurs récits seraient suspects.

À cela il est aisé de répondre que le sort de M. de Wal a pu leur donner à réfléchir : M. de Wal se laissa aller à divulguer les projets maçonniques dont il blâmait la violence. Il disparut peu après et son corps fut retrouvé enterré dans la forêt de Fontainebleau. Il était donc fort imprudent de rompre ostensiblement avec la franc-maçonnerie. Voilà pourquoi MM. de Raymond et de Bouligny n'ont parlé qu'à leur lit de mort.

N'ont-ils pas pu supposer également qu'en restant membres de la secte, ils pourraient l'orienter vers des idées plus modérées et s'opposer aux décisions violentes. En la quittant, au contraire, ils perdaient tout moyen d'action et restaient dans l'ignorance des événements qui se préparaient dans l'ombre.

Le Comte Costa de Beauregard raconte que le Comte de Virieu s'était retiré de la franc-maçonnerie lorsqu'il s'aperçut que la secte poursuivait trois buts : « La ruine de la religion, le déshonneur de la reine et la mort du roi. » M. Gustave Bord objecte que c'est « *probablement* » d'après l'affirmation de

---

[529] Le tombeau de Jacques Molai. Voir aussi : Deschamps : *Les sociétés secrètes*, t. II, p. 134 et suivantes. G. GAUTHEROT : *Histoire de l'Assemblée Constituante*, ch. II. De LANNOY : *La Révolution préparée par la Franc-maçonnerie*, p. 99 et suiv., etc.

Barruel que M. Costa de Beauregard fait ce récit, etc. ». Pourquoi serait-ce d'après l'affirmation de Barruel ? Les familles de Virieu et Costa de Beauregard étaient alliées, et elles ont habité le même pays. Qu'y a-t-il d'étonnant à ce que les Costa aient reçu les confidences de M. de Virieu ! D'ailleurs Barruel a été soupçonné d'exagération mais non pas de mensonge.

Un autre argument est l'aveu que le Père Abel a recueilli de la bouche de son· aïeul : celui-ci a déclaré regretter son vote régicide au Convent qui a décidé en Allemagne la mort de Louis XVI. On objecte que c'est un témoignage verbal apporté par un homme de quatre-vingts ans. Depuis quand n'admet-on plus les témoignages verbaux des hommes de quatre-vingts ans ? On les laisse bien diriger un État et déchaîner la guerre. Si M. Abel avait été en enfance, sa famille aurait-elle divulgué son témoignage ? Elle n'était nullement fière du rôle joué par lui. D'ailleurs, si l'on ne croit pas à la parole d'un vieillard, son témoignage *écrit* aurait-il plus de valeur ?

Il nous semble donc que la question reste ouverte, et nous voudrions voir continuer les discussions de *l'Intermédiaire des chercheurs et des curieux*.

Quant au rapport de Haugwitz, il n'a pas encore été réfuté, croyons-nous. Et là il s'agit d'une pièce officielle émanant d'un ancien franc-maçon, confident du roi de Prusse, et affirmant la condamnation de Louis XVI en 1784. En ce qui concerne Gustave III, les archives judiciaires de Berlin contiennent (d'après MM. E. Faligant et Deschamps) la preuve de sa condamnation par les Illuminés. Le Comte de Haugwitz, après s'être retiré de la franc-maçonnerie, a déclaré que Louis XVI avait aussi été condamné quatre ou cinq ans avant la Révolution Française. Ce témoignage de M. de Haugwitz n'a jamais été nié. Chargé par le roi de Prusse d'un rapport sur les sociétés secrètes, il écrit[530] : « La Révolution Française, le régicide, ont été résolus par la franc-maçonnerie »[531].

Étrangers figurant sur la liste des membres du Club des Jacobins en 1790[532]

Alexandre (Anglais).

Abbéma (Hollandais).

Bidermann (Suisse).

Bitaubé (Prussien).

Cabarru (Espagnol).

Cavalcanti (Italien).

Clavière (Suisse).

Cloots (Prussien).

Doppet (Italien).

Desfieux (Belge).

Dufourny (Italien).

Erdmann (...).

Ferguson (Anglais).

---

[530] *Dorrows Danksehriften*, v. IV, p. 211 à 221.

[531] Il n'est pas sans intérêt de rappeler comment la condamnation de Louis XVI a été appréciée par un homme illustre à qui la République a élevé des statues, Ernest Renan : « Le meurtre du 21 Janvier est l'acte du matérialisme le plus hideux, la plus honteuse profession qu'on ai jamais faite d'ingratitude et de bassesse, de roturière vilenie et d'oubli du passé. » (*La Monarchie Constitutionnelle en France*).

[532] Voir Aulard : *Le Club des Jacobins,* etc.

Fitz Gerald (Anglais).

Fockedey (Anglais).

Fougolis (...).

Gorani (Italien).

Halem (...).

De Hesse (Allemand).

Keith (Anglais).

Klispich (...).

La Harpe (Suisse).

Loen (...).

Miles (Anglais).

Oelsner (Allemand).

Pio (Italien).

Schlabrendorf (Prussien).

Schsvatv (...).

Van den Yver (Hollandais).

Van Praet (Belge).

Arthur Young (Anglais).

Présumés étrangers

Bacon.

Bolls.

Charke.

Coitam.

Hanker.

Hovelt.

Kauffmann.

Knapen.

Mendosa.

Mermilliod.

Oelsner.

Pulcherberg.

Raek.

Schluter.

Schnutz.

Sigri.

Stourm.

Walwein, etc.

CONGRÈS DES PHILALÈTHES (1785-1787)

La loge des Amis Réunis (Philalèthes), présidée par Savalette de Lange, prit une part importante à la préparation de la Révolution Française. Elle siégeait, 37, rue de la Sourdière.

Les Philalèthes convoquèrent en 1785, à Paris, un Congrès sous le prétexte de discuter « sur la science maçonnique ». Les comptes rendus publiés par le *Monde maçonnique* passent bien entendu sous silence les discussions politiques, et s'efforcent de prouver que pendant dix-huit mois les Philalèthes se sont bornés à échanger des réflexions banales [533]. Les seules pages intéressantes sont les discussions avec Cagliostro, qui présidait alors à l'Orient de Lyon la loge mère du rite Égyptien, et se proclamait très supérieur aux autres francs-maçons. Après s'être fait prier pour accepter l'invitation des Philalèthes, Cagliostro, afin de leur prouver sa puissance, leur promit de leur faire voir Dieu « et les esprits intermédiaires entre Dieu et les hommes ». Seulement, en échange de ce miracle, Cagliostro exigeait la destruction des archives des Philalèthes (nous n'avons pu découvrir dans quel but).

Les Philalèthes refusèrent ce sacrifice parce qu'ils tenaient à leurs archives, et quelques-uns d'entre eux se demandaient si Cagliostro ne serait pas par hasard un imposteur. Néanmoins, une liste des membre du Convent fut envoyée à Cagliostro pour qu'il choisisse ceux qu'il jugerait à propos d'initier au rite Égyptien ; il fut prié de désigner de préférence les étrangers.

À la fin tout s'arrangea : les Philalèthes ne brulèrent pas leurs archives, Cagliostro n'évoqua ni Dieu ni les anges dans le local de la rue de la Sourdière. Mais la loge mère du rite Égyptien écrivit que « le grand maitre inconnu de la Maçonnerie véritable a jeté les yeux sur les Philalèthes. Il consent à porter un rayon de lumière dans les ténèbres de leur Temple ». Les comptes rendus sont muets sur ce rayon de lumière. Les maçons auxquels les actes du Convent furent communiqués, devaient d'ailleurs s'engager sur l'honneur et par écrit à garder un secret absolu.

La seconde année du Congrès, le Docteur Stark écrivit de Darmstadt que le prochain Convent serait plus dangereux qu'utile, et conseilla aux Philalèthes de donner toute leur confiance à Saint-Martin et à Willermoz. Cette lettre est en contradiction avec les comptes rendus officiels, car si les Philalèthes ne parlaient que de la science maçonnique, il ne

---

[533] *Le Monde Maçonnique*, v. XIV et XV.

pouvait être *dangereux* de se réunir, et il n'y avait pas de raison de donner pleins pouvoirs à deux d'entre eux. Saint-Martin et Willermoz étaient-ils les représentants officiels de la Maçonnerie étrangère, ou le Docteur Stark émettait-il un avis personnel, il est difficile de le découvrir. Quoi qu'il en soit, le Congrès se sépara le 8 juin 1787, et ses travaux mystérieux furent continués par le Comité secret (Willermoz, Mirabeau, Court de Gébelin, Bonneville et Chappe de la Heuzière).

Déjà publiés

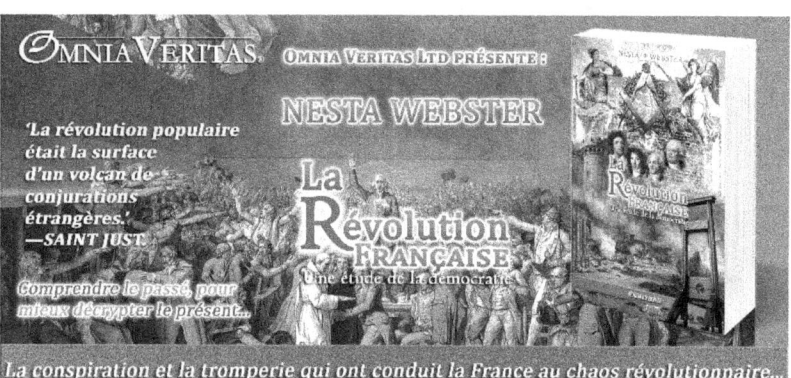

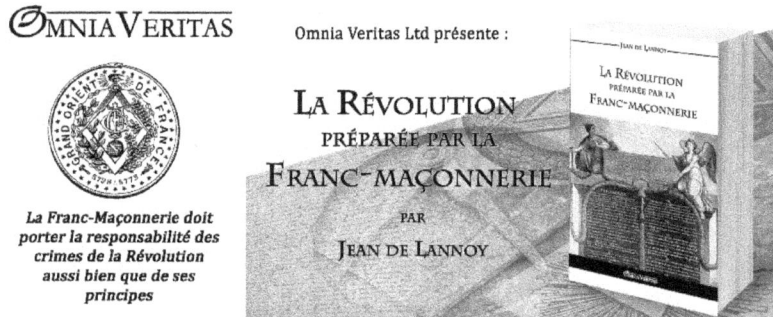

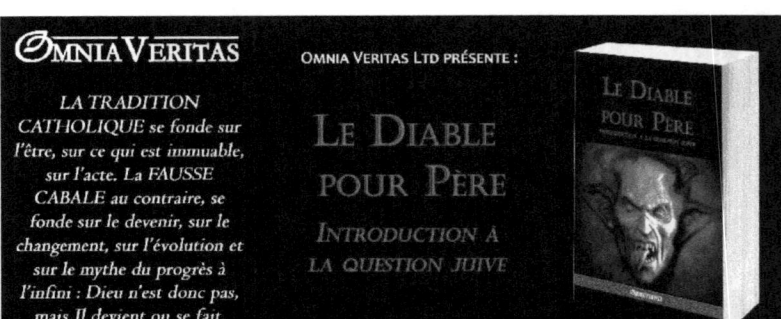

LES AUTEURS CACHÉS DE LA RÉVOLUTION FRANÇAISE

⊘MNIA VERITAS
LES PAMPHLETS

OMNIA VERITAS LTD PRÉSENTE :
LOUIS-FERDINAND CÉLINE

« ... QUE LES TEMPS SONT VENUS, QUE LE DIABLE NOUS APPRÉHENDE, QUE LE DESTIN S'ACCOMPLIT. »

UN INDISPENSABLE DEVOIR DE MÉMOIRE

⊘MNIA VERITAS

Omnia Veritas Ltd présente :

Les décombres

Lucien Rebatet

La France est gravement malade, de lésions profondes et purulentes. Ceux qui cherchent à les dissimuler, pour quelque raison que ce soit, sont des criminels.

Mais que vienne donc enfin le temps de l'action !

⊘MNIA VERITAS

Omnia Veritas Ltd présente :

Pierre-Antoine Cousteau
Lucien Rebatet

Dialogues de "vaincus"

«Pour peu qu'on décortique un peu le système, on retrouve toujours la vieille loi de la jungle, c'est-à-dire le droit du plus fort.»

Le Droit et la Justice sont des constructions métaphysiques

www.ingramcontent.com/pod-product-compliance
Lightning Source LLC
Chambersburg PA
CBHW070736160426
43192CB00009B/1464